“美丽中国系列”丛书编委会

美丽中国系列

美丽乡村建设

金佩华 张建国 莫东坡——编著

云南人民出版社

图书在版编目（CIP）数据

美丽乡村建设 / 金佩华, 张建国, 莫东坡编著.
昆明：云南人民出版社, 2025. 5. -- (美丽中国系列).
ISBN 978-7-222-23780-3

Ⅰ. F320.3

中国国家版本馆CIP数据核字第2025XX9484号

项目策划：李银和
项目统筹：陈　晨
特约编辑：顾　颖
责任编辑：欧　燕　陶汝昌
责任校对：梁　爽
责任印制：代隆参
装帧设计：王冰洁　越凡文化

· 美丽中国系列 ·

美丽乡村建设

MEILI XIANGCUN JIANSHE

金佩华　张建国　莫东坡　编著

出　版	云南人民出版社
发　行	云南人民出版社
社　址	昆明市环城西路609号
邮　编	650034
网　址	www.ynpph.com.cn
E-mail	ynrms@sina.com
开　本	720mm × 1010mm　1/16
印　张	14
字　数	250千
版　次	2025年5月第1版第1次印刷
印　刷	昆明德厚印刷包装有限公司
书　号	ISBN 978-7-222-23780-3
定　价	58.00元

如需购买图书，反馈意见，请与我社联系。
图书发行电话：0871-64107659

云南人民出版社微信公众号

序

人类文明的进步史，本质上是一部人与自然关系的演进史。从“敬畏自然”到“征服自然”，从“掠夺开发”到“和谐共生”，人类在探索中不断校准与生态共处的坐标。在当代的全球文明进程中，“生态”这一古老却历久弥新的命题，正以前所未有的紧迫性和战略高度，重塑人类社会的思想格局与发展范式。

2012年11月，党的十八大报告提出：“努力建设美丽中国，实现中华民族永续发展。”在人类文明处在转折的时刻中，美丽中国建设是引领中国未来发展的关键词之一，不仅给全国人民描绘了一幅未来中国的秀美画卷，明确了我们的奋斗目标，同时也为全球生态文明建设提供了一种极具现实意义和未来导向的“中国方案”。

经过十余年持续努力，生态文明建设已由理念提出、制度设计，迈入全面实施、系统深化的新阶段。我国从顶层战略的布局到具体政策的落地，从环境质量的明显改善到治理能力的整体跃升，“美丽中国”正逐步由愿景走向现实，由蓝图演变为一幅幅可见、可感、可持续的生态画卷。

回顾我国开启的生态复兴历程，“美丽中国”理念提出以来，神州大地上演着生态觉醒的壮阔史诗。无论身处大江南北的任何地方，污染防治攻坚战让蓝天白云不再是奢侈品，山水林田湖草沙系统治理使大地重披锦绣，中国生态文明建设的创新实践持续展示生态治理的成效。2023年12月，中共中央、国务院印发《关于全面推进美丽中国建设的意见》，系统擘画了新阶段美丽中国建设的目标愿景和任务路径，标志着美丽中国建设进入全面推进、纵深实施的新阶段。2025年1月，国务院办公厅转发了《关于建设美丽中国先行区的实施意见》，生态环境部牵头并会同多个部门出台了《美丽城市建设实施方案》《美丽乡村建设实施方案》，初步构建起以“1+1+N”为主体架构的政策体系，统筹推进城市、乡村和区域多层次的绿色发展与生态文明建设。我们看到的不仅是政策文本的迭代升级，更是一个古老文明对可持续发展道路的哲学思考：“如何在高质量发展中守护生态根脉？怎样在现代化进程中留住乡愁记忆？”

严格遵循国家的战略部署，结合中国各地美丽中国建设的实践，“美丽中国系列”丛书的编纂，以大众的视角解构这场波澜壮阔的生态变革。《美丽中国先行区建设》解码制度创新与路径突破，展现绿色发展高地的打造、美丽区域建设和政策机制的创新；《美丽城市建设》聚焦空间治理智慧，探索绿色低碳、环境优美、生态宜居、安全健康、智慧高效的城市建设，探索以城市为载体的美丽中国建设实践路径；《美丽乡村建设》深入肌理，从中国传统乡村的生态环境综合治理到乡村优秀的生态文化的复兴，诠释以“千万工程”为标志的乡村振兴何以让乡土中国焕发时代生机。三本读物既独立成篇又浑然一体，犹如三棱镜折射出中国在引领人类文明的生态复兴征途上的多维光谱。

“美丽中国系列”丛书虽然定位于让公众了解、领会、参与、贡献美丽中国建设的实践，但其深层价值在于超越就环境谈环境的窠臼。当我们将生态治理置于百年未有之大变局中审视，会发现它既是应对气候危机的全球治理命题，更是关乎文明存续的人类终极课题。中国用不足全球9%的耕地、6%的淡水资源，支撑着近20%人口走向生态现代化。我国已构建了全球最大、发展最快的可再生能源体系，建成了全球最大、最完整的新能源产业链；我国还是全球“增绿”最快最多的国家，贡献了全球1/4的新增绿色面积。这场人类历史上规模最大的生态文明实践，正在创造一种新的文明范式——它不追求征服自然的快感，而是探寻天人合一的智慧；不迷信消费主义的增长，而是创造绿色发展的价值；不困于先污染后治理的传统道路，而是开创发展保护协同的新模式。

如果我们站在宇宙的层面看待我们生活的蓝色星球，站在人类文明发展的新的历史方位来审视，美丽中国建设已从简单的环境治理升华为文明的重塑。这要求我们以更深邃的历史眼光、更宽广的世界视野，理解美丽中国建设背后的文明抉择。期待“美丽中国系列”丛书能成为思想传播的媒介，让更多人参与这场文明迭代的激情实践。“每一株破土的新绿，都在书写未来的编年史；每一条复清的河流，都在鸣奏文明的交响乐。美丽中国的故事，将由每个时代的书写者共同完成。”

美丽中国建设的硕果，使中华大地奏响了新时代“富春山居图”的动人乐章，这是中国式现代化不可或缺的生态图景，也是人类生态复兴的绿色基石。今天，越来越多的国家和国际组织开始关注和研究中国的生态文明建设实践。“双碳”目标的庄严承诺，绿色“一带一路”的不断推进，生态合作的日益拓展，中国在全球生态治理中的话语权与影响力持续提升。

美丽中国建设，不仅是一项国家战略的纵深推进，更是亿万中国人共同参与、共同建设、共同分享的时代事业。美丽中国之美，不仅是自然之美、生命之美，更是发展之美、文明之美。

祝愿我们在这条通往生态文明新时代的道路上，行稳致远，不负山河、不负人民、不负未来！

中国气候变化事务原特使
全国政协人口资源环境委员会原副主任
国家发展和改革委员会原副主任
原国家环境保护总局局长

解振华

2025年5月

目录

第一章

美丽乡村建设概述

美丽乡村起源于习近平总书记主政浙江期间，亲自谋划、亲自部署、亲自推动的“千万工程”。建设美丽中国是实现人与自然和谐共生、推动经济高质量发展、促进社会文明进步的重要举措。深刻领悟美丽乡村的内涵，理解美丽乡村建设的背景、意义和发展历程，明确当前美丽乡村建设的目标和任务，才能营造山清水秀、天蓝地绿、村美人和的环境，描绘新时代的“富春山居图”。

第一节　美丽乡村的内涵

一、党和国家的政策文件精神

2005年10月，党的十六届五中全会提出“建设社会主义新农村”，强调建设社会主义新农村是我国现代化进程中的重大历史任务，要按照“生产发展、生活宽裕、乡风文明、村容整洁、管理民主”的总要求，扎实稳步地加以推进。

2012年11月8日，“美丽中国”在党的十八大报告中首次作为执政理念出现。2013年，在中央一号文件中，第一次提出了要建设“美丽乡村”的奋斗目标，要加强农村生态建设、环境保护和综合整治，努力建设美丽乡村。2015年10月召开的党的十八届五中全会上，“美丽中国”被纳入《中共中央关于制定国民经济和社会发展第十三个五年规划的建议》，2016年3月首次被纳入5年规划《“十三五”规划纲要》。美丽乡村的建设作为美丽中国建设的重要内容，在美丽中国的建设过程中扮演着十分重要的角色。2015年中央一号文件也提出“中国要美，农村必须美”，要繁荣农村，必须坚持不懈推进社会主义新农村建设，让农村成为农民安居乐业的美丽家园。

2018年9月，中共中央、国务院印发的《乡村振兴战略规划（2018—2022年）》提出，坚持把解决好“三农”问题作为全党工作重中之重，坚持农业农村优先发展，按照产业兴旺、生态宜居、乡风文明、治理有效、生活富裕的总要求，建立健全城乡融合发展体制机制和政策体系，统筹推进农村经济建设、政治建设、文化建设、社会建设、生态文明建设和党的建设，加快推进乡村治理体系和治理能力现代化，加快推进农业农村现代化，走中国特色社会主义乡村振兴道路，让农业成为有奔头的产业，让农民成为有吸引力的职业，让农村成为安居乐业的美丽家园。①

2023年12月，中共中央、国务院发布的《关于全面推进美丽中国建设的意见》指出，因地制宜推广浙江“千万工程”经验，统筹推动乡村生态振兴和农村人居环境整治。加快农业投入品减量增效技术集成创新和推广应用，加强农业废弃物资源化利用和废旧农膜分类处置，聚焦农业面源污染突出区域强化系统治理。扎实推进农村厕所革命，有效治理农村生活污水、垃圾和黑臭水体。建立农村生态环境监测评价制度。科学推进乡村绿化美化，加强传统村落保护利用和乡村风貌引导。到2027年，美丽乡村整县建成比例达到40%；到2035年，美丽乡村基本建成。②

2025年1月，生态环境部等9个部门联合印发的《美丽乡村建设实施方案》提出，建设村庄干净整洁、农业绿色低碳、生态环境优美的人与自然和谐共生的美丽乡村。③

2025年1月，中共中央、国务院印发的《乡村全面振兴规划（2024—2027年）》提出，国家粮食安全根基更加稳固，乡村产业更加兴旺，乡村更加生态宜居，乡风文明持续提升，乡村治理更加有效，农民生活更加美好、收入水平持续提

① 中共中央　国务院印发《乡村振兴战略规划（2018—2022年）》[EB/OL].（2018-09-26）[2025-05-15]. https://www.gov.cn/zhengce/2018-09/26/content_5325534.htm.

② 中共中央　国务院关于全面推进美丽中国建设的意见[EB/OL].（2024-01-11）[2025-05-15]. https://www.gov.cn/zhengce/202401/content_6925405.htm.

③ 关于印发《美丽乡村建设实施方案》的通知[EB/OL].（2025-01-20）[2025-05-15]. https://www.gov.cn/zhengce/zhengceku/202501/content_7000084.htm.

高。到2035年，乡村全面振兴取得决定性进展，农业现代化基本实现，农村基本具备现代生活条件。[①]

二、美丽乡村建设的浙江探索

“美丽乡村”的实践源于习近平总书记主政浙江期间，亲自谋划、亲自部署、亲自推动的“千万工程”。从农村环境整治入手，由点及面、迭代升级，20年持续努力造就了万千美丽乡村，造福了万千农民群众。

2003年6月，浙江省委、省政府在全省农村启动实施“千万工程”，以村庄规划为龙头，从治理“脏、乱、差、散”入手，加大村庄环境整治力度，完善农村基础设施，加强农村基层组织和民主建设，加快发展农村社会事业，使农村面貌发生根本性改变。以农村生产、生活、生态的“三生”环境改善为重点，开启了以改善农村生态环境、提高农民生活质量为核心的村庄整治建设大行动。2006年3月23日，习近平同志在浙江省委建设社会主义新农村专题学习会上的讲话：“新农村必须有新面貌。要坚持以人为本，推进村庄整治建设，加快传统农村社区向现代农村社区转变。”

《浙江省美丽乡村建设行动计划（2011—2015年）》提出，美丽乡村要具备“规划科学布局美”“村容整洁环境美”“创业增收生活美”“乡风文明身心美”4个方面的特征。[②]

《浙江省深化美丽乡村建设行动计划（2016—2020年）》提出，美丽乡村要具备空间优化布局美、生态宜居环境美、乡土特色风貌美、业新民富生活美、人文和谐风尚美、改革引领发展美6个方面的特征。

《浙江省美丽村镇建设“十四五”规划》提出，美丽乡村要具备功能便民环境美、共享乐民生活美、兴业富民产业美、魅力亲民人文美、善治为民治理美的“五美”要求。

① 中共中央　国务院印发《乡村全面振兴规划（2024—2027年）》[EB/OL].（2025-01-22）[2025-05-15]. https://www.gov.cn/zhengce/202501/content_7000493.htm.

② 浙江省美丽乡村建设行动计划（2011—2015年）[EB/OL].（2012-04-23）[2025-05-15]. https://www.liandu.gov.cn/art/2012/4/23/art_1229370872_3733785.html.

三、美丽乡村的相关标准定义解析

2014年，浙江省发布了《美丽乡村建设规范（DB33/T 912–2014）》，将美丽乡村定义为“生态、经济、社会、文化与政治协调发展，符合科学规划布局美、村容整洁环境美、创业增收生活美、乡风文明身心美且宜居、宜业、宜游的可持续发展的建制村”。

2015年发布的《美丽乡村建设指南（GB/T 32000–2015）》，将美丽乡村的定义界定为“经济、政治、文化、社会和生态文明相互协调发展，规划科学、生产发展、生活宽裕、乡风文明、村容整洁、管理民主，符合宜居、宜业的可持续发展的乡村（包括建制村和自然村）”。

2018年发布的《美丽乡村建设评价（GB/T 37072–2018）》沿用了《美丽乡村建设指南（GB/T 32000–2015）》的定义。

2019年，浙江省发布了《新时代美丽乡村建设规范（DB33/T 912–2019）》，给美丽乡村规定了生态优良、村庄宜居、经济发展、服务配套、乡风文明、治理有效等方面的要求。《新时代美丽乡村建设规范（DB33/T 912–2019）》适用于指导单个行政村开展美丽乡村建设。

2024年，《美丽宜居乡村建设指南（GB/T 32000–2024）》发布，“美丽宜居乡村”的表述为：经济、政治、文化、社会和生态文明协调发展，产业兴旺、生态宜居、乡风文明、治理有效、生活富裕的可持续发展乡村。

美丽乡村是指干净整洁、农业绿色低碳、生态环境优美的人与自然和谐共生的乡村，美丽乡村山清水秀、天蓝地绿、村美人和，是新时代的一幅“富春山居图”。

美丽乡村建设遵循人与自然和谐共生、城乡融合发展和共建共享共富的要求，以人居环境整治为切入点，深化推进环境提升、产业发展、服务优享、文化传承、村庄运营与联农共富，符合科学规划布局美、村容整洁环境美、创业增收生活美、文化传承特色美、乡风文明身心美、强村共富和谐美和青年入乡持续美。

美丽乡村的“美”既体现外在的生态景观，也涵盖内在的人文活力，包括生态环境优美、基础设施完善、农业现代化、农村社会和谐、文化传承创新及乡村旅游发展等多维度目标。因此，建设美丽乡村必然是以系统性工程推动乡村全面振兴的实践过程，通过政策引导、资源整合与多方协作，实现乡村生态、经济、社会、文化的协同提升，打造“宜居宜业和美乡村”。

第二节　美丽乡村建设的背景和意义

一、美丽乡村建设的背景

乡村是指城市建成区以外具有自然、社会、经济特征和生产、生活、生态、文化等多重功能的地域综合体，包括乡镇和村庄等。乡村的主要功能是生产和服务，一方面作为农业生产的基地为人类提供食物和休闲服务，另一方面作为农业人口的聚居区域也是一个相对完整的自然生态系统和人工生态系统的结合体。

工业化和城市化的进程表明，工农城乡之间的协调发展是现代化建设成功的重要前提。一些国家较好地处理了工农城乡关系，经济社会得到了迅速发展，较快地迈进了现代化国家行列。也有一些国家没有处理好工农城乡关系，导致农村经济长期落后，致使整个国家经济停滞甚至倒退，现代化进程严重受阻。

自近代以来，中国社会运动的主题是现代化。新中国成立以后，中国建立了建设现代化的社会体制。因为中国现代化建设的资金和人才极为缺乏，只能把现代化建设的资源集中于城市，以城市为中心来展开现代化建设，农村支持城市发展成为相当长时间内中国经济社会发展的一种常态。这种以城乡二元体制为制度基础、城市优先的现代化，实际上也是一种“统筹发展”，在现代化建设的起步阶段是一种无奈和必然。

在城市现代化建设阶段，我国把工作重心放在城市，“以经济建设为中心”在一定程度上就是“以城市经济建设为中心”，农民和农村越来越被忽视，特别是现代化建设的成果在相当程度上与农民无关。本世纪初，中国城市的现代化建设已经基本完成，现代化建设事业的发展，需要城乡协调发展，需要把更多的注意力投入到农民发展和农村建设上。

到本世纪初的中国现代化建设时代，城市是中国社会的中心，作为中国人口最大部分的农民，被排除在现代化运动之外，基本上处于社会的边缘。在社会经济关系中，尽管农村通过农业积累和剪刀差为现代化建设的起步和推进提供了资金，但现代化建设的成果主要体现在城市，并主要为城市居民所享有。在社会政治关系中，农村为城市提供了大量的人才资源和人力资源，但在社会政治生活中面积广袤的农村未得到应有的重视，数量众多的农民群体长期缺乏足够的话语权。这虽然在一定时期有其必要性，然而随着改革开放极大地解放生产力、社会财务的积累和国家财政能力的提升，我国应该更加自觉地调整国民收入分配格局，更加积极地支持“三农”发展。

当前，我国发展最大的不平衡是城乡发展不平衡，最大的不充分是农村发展不充分。即使未来我国城镇化达到很高水平，也还有几亿人在农村就业生活。总的来看，农村基础设施建设仍然滞后，农村环境和生态问题比较突出，乡村发展整体水平亟待提升；农村民生领域欠账较多，城乡基本公共服务和收入水平差距仍然较大，脱贫攻坚任务依然艰巨；国家支农体系相对薄弱，农村金融改革任务繁重，城乡之间要素合理流动机制亟待健全；农村基层基础工作存在薄弱环节，乡村治理体系和治理能力亟待强化。全面建成社会主义现代化强国，既要建设繁华的城市，也要建设繁荣的农村，推动形成工农互促、城乡互补、协调发展、共同繁荣的新型工农城乡关系。

党的十九大提出实施乡村振兴战略，深刻把握了现代化建设规律和城乡关系变化特征，顺应亿万农民对美好生活的向往，对“三农”工作作出的重大决策部署，是决胜全面建成小康社会、全面建设社会主义现代化国家的重大历史任务，是新时代做好“三农”工作的总抓手。提出实施乡村振兴战略的重大历史任务，大力推进美丽乡村建设，在我国“三农”发展进程中具有划时代的里程碑意义。

二、美丽乡村建设的重要意义

乡村兴则国家兴，乡村衰则国家衰。我国人民日益增长的美好生活需要和不平衡不充分的发展之间的矛盾在乡村最为突出，我国仍处于并将长期处于社会主义初级阶段的特征很大程度上表现于乡村。全面建设社会主义现代化国家，实现中华民族伟大复兴，最艰巨最繁重的任务依然在农村，最广泛最深厚的基础依然在农村，最大的潜力和后劲也在农村。建设美丽乡村，是解决新时代我国社会主要矛盾、实现“两个一百年”奋斗目标和中华民族伟大复兴的中国梦的必然要求，具有重大现实意义和深远历史意义。

美丽乡村建设是构建现代化经济体系的关键性基础工程　农业是国民经济的基础，农村经济是现代化经济体系的重要组成部分。乡村承载着农产品供给、生态屏障、文化传承等重要功能。农村环境直接影响米袋子、菜篮子、水缸子、城镇后花园。农村是农民生产和生活的舞台，也是他们安放身心的所在，农村的环境和生活质量直接关系到农民的生存状态和农业的安危。建设美丽乡村、实施乡村振兴战略，深化农业供给侧结构性改革，构建现代农业产业体系、生产体系、经营体系，实现农村一二三产业深度融合发展，有利于推动农业从增产导向转向提质导向，增强我国农业创新力和竞争力，为建设现代化经济体系奠定坚实基础。

美丽乡村是高质量建设美丽中国的关键行动　乡村是生态涵养的主体区，生态是乡村最大的发展优势。建设美丽乡村，统筹山水林田湖草沙系统治理，加快推行乡村绿色发展方式，加强农村人居环境整治，有利于构建人与自然和谐共生的乡村发展新格局，实现百姓富、生态美的统一。

美丽乡村是传承中华优秀传统文化的核心载体　中华文明根植于农耕文化，乡村是中华文明的基本载体。农村是我国传统文明的发源地，乡土文化的根不能断，农村不能成为荒芜的农村、留守的农村、记忆中的故园。建设美丽乡村，深入挖掘农耕文化蕴含的优秀思想观念、人文精神、道德规范，结合时代要求在保护传承的基础上创造性转化、创新性发展，有利于在新时代焕发出乡风文明的新气象，进一步丰富和传承中华优秀传统文化。

美丽乡村是实现全体人民共同富裕的必由之路　农业强不强、农村美不美、农民富不富，关乎亿万农民的获得感、幸福感、安全感，关乎全面建成小康社会全局。乡村振兴，生活富裕是根本。实施乡村振兴战略，不断拓宽农民增收渠道，全面改善农村生产生活条件，促进社会公平正义，有利于增进农民福祉，让亿万农民走上共同富裕的道路，汇聚起建设社会主义现代化强国的磅礴力量。

美丽乡村是培植新消费热点和扩大内需的持续动力　通过美丽乡村建设，可以加快农村经济发展，增加农民收入，使亿万农民的潜在购买意愿转化为巨大的现实消费需求，拉动整个经济的持续增长。特别是通过加强农村道路、住房、能源、水利、通信等方面的建设，既可以改善农民的生产生活条件和消费环境，又可以消化当前部分行业的过剩生产能力，促进相关产业的发展。

第三节　美丽乡村建设的发展历程

一、启动孕育阶段（2003—2010年）

“千万工程”聚焦村庄环境整治，是新时代美丽乡村建设的基础工程，推动了广大乡村从脏乱差向整洁有序转变。

2003年6月，在时任浙江省委书记习近平同志的亲自谋划、亲自部署、亲自推动下，浙江立足破解农村发展的结构性矛盾，着眼于系统优化农村生产、生活、生态“三生”环境，在全省范围内高起点启动“千村示范、万村整治”工程。浙江省委、省政府专门印发实施通知，针对不同发展水平的县（市、区）制定差异化推进策略。根据规划，工程计划用5年时间，从全省近4万个行政村中筛选出约1万个行政村开展全面整治提升，并集中资源将约1000个中心村打造成为产业特色鲜明、环境整洁优美、公共服务完善的全面小康示范村，以此形成“示范引领、全域整治”的乡村发展新格局，为新时代乡村建设埋下重要伏笔。

2005年8月15日，习近平同志在浙江省湖州市安吉县余村调研时首次提出“绿水青山就是金山银山”理念。2006年5月21日，湖州市与浙江大学合作共建新农村实验示范区，全面建设新农村、建设美丽乡村。湖州在全面建设美丽乡村的实践探索中，建设理念上，始终坚持产业为先、生态为重、以人为本；建设机制上，始终坚持党政主导、农民主体、社会各方参与；建设支撑上，始终坚持依托浙大、强化科技、培育人才；建设步骤上，始终坚持全域规划、分类指导、分批推进；建设方法上，始终坚持解放思想、试点探索、改革创新，被有关专家学者誉为新农村建设的“湖州模式”。2009年7月22日，《光明日报》头版头条以“安吉的‘中国美丽乡村’建设”为题，生动翔实、全面深入地介绍了湖州安吉建设“中国美丽乡村”的历程。2010年10月，国家标准化管理委员会授予安吉“中国美丽乡村国家标准化示范县”。湖州安吉成为中国美丽乡村的发源地。

这一阶段主要以村庄环境综合整治为重点，全面推进“三清两化”（清垃圾、清污水、清厕所、道路硬化、村庄绿化）行动，主要形成了15条做法和基本经验：全域编制建设规划；实施村庄环境综合整治；抓好农村垃圾革命；推进农村污水革命；深化农村厕所革命；严格农村生态保护；建设现代美丽田园；加强农房风貌引导；保护好历史文化村落；推动城乡公共服务均等化；守住农村安全底线；综合整治小城镇环境；大力培育建设中心村；开展美丽乡村示范创建；转化美丽建设成果。

二、深化提升阶段（2011—2020年）

以美丽乡村建设为核心，推动乡村从整洁有序向美丽宜居转变。

为接续深化“千万工程”，浙江省委、省政府制定《浙江省美丽乡村建设行动计划（2011—2015年）》，在全国率先开展美丽乡村建设，系统推进“四美三宜二园”。四美，即科学规划布局美、村容整洁环境美、创业增收生活美、乡风文明素质美；三宜，即宜居、宜业、宜游；两园，即幸福生活家园、休闲旅游乐园。

2016年，5年美丽乡村建设行动计划完成后，浙江省委、省政府又制定《浙江省深化美丽乡村建设行动计划（2016—2020年）》，明确了下一个5年建设美丽乡村的目标任务。美丽乡村建设从“一处美向一片美、一时美向持久美、风景美向风尚美、外在美向内在美、环境美向发展美、形态美向制度美”转型，提出“六美”（空间优化布局美、生态宜居环境美、乡土特色风貌美、业新民富生活美、人文和谐风尚美、改革引领发展美）新目标，推进“县、镇（街）、村、户”四级联创，开启了美丽乡村示范县创建。

三、迭代升级阶段（2021—2022年）

聚焦未来乡村建设，开启“千村未来、万村共富”新篇章，成为新时代美丽乡村建设的追梦之旅，推动乡村从美丽宜居迈向共富共美。

2021年以来，在《中共中央　国务院关于支持浙江高质量发展建设共同富裕示范区的意见》的政策推动下，浙江把乡村建设摆在共同富裕更为重要的位置，先后出台《关于开展未来乡村建设的指导意见》《关于坚持和深化新时代“千万工程”全面打造乡村振兴浙江样板的实施意见》等，提出了主导产业兴旺发达、主体风貌美丽宜居、主题文化繁荣兴盛的未来乡村建设目标，推进“美丽乡村+数字乡村+共富乡村+人文乡村+善治乡村”一体化建设，不断推动省域乡村迈向共同富裕。

2022年，浙江省人民政府办公厅发布《关于开展未来乡村建设的指导意见》提出，以习近平新时代中国特色社会主义思想为指导，深入实施乡村振兴战略，以党建为统领，建设“人本化、生态化、数字化”为价值导向的未来乡村，达到乡村主导产业兴旺发达、乡村主体风貌美丽宜居、乡风文化繁荣兴盛的总目标要求。同年，浙江省相继确定了378个未来乡村建设试点村，到2025年全省建设1000个以上未来乡村，这标志着未来乡村建设正式成为新时期乡村建设的重要抓手，浙江省各地开启各具特色的“未来乡村”探索实践，不断丰富浙江省乡村建设模式，逐步形成“千村引领、万村振兴、全域共富、城乡和美”新画卷。

2023年6月7日，浙江省委常委会会议提出，加快构建“千村引领、万村振兴、全域共富、城乡和美”的“千万工程”新画卷，以推进“千万工程”新成效为乡村全面振兴和美丽中国建设作出浙江新贡献。

四、打造未来乡村（2023年— ）

为持续深化“千村示范、万村整治”工程，促进农民农村共同富裕，浙江省着手打造未来乡村。①

1. 打造未来产业场景

实施科技强农、机械强农行动，培育提升一批农业龙头企业、农民专业合作社、家庭农场、农创客和农业服务组织等经营主体，提升农业生产效率，全面推进农业高质量发展。推进大中型灌区节水改造，更新升级农田灌溉泵站机埠、堰坝水闸，推进永久基本农田集中连片整治，发展生态农业、休闲农业、创意农业、体验农业。推广强村公司做法。支持符合条件的项目村建设特色产业园、小微创业园，利用闲置厂房、农房等建设共享办公、共享创业空间，吸引年轻人回来、城里人进来。加快三产融合、产村融合，做优做强农家乐民宿，壮大电子商务、养生养老、文化创意、运动健康、乡村旅游等业态。做强村庄品牌、农产品品牌、活动品牌，提倡市场化举办农事节庆、体育赛事和音乐、美食等活动。

2. 打造未来风貌场景

健全“县域乡村建设规划+村庄布点规划、村庄规划、村庄设计、农房设计+农村特色风貌规划”乡村规划建设体系，加强乡村建设规划许可管理。尊重乡土风貌和地域特色，保留村庄原有纹理，以“绣花”功夫推进乡村微改造、精提升。加强对新建农房式样、体量、色彩、高度等的引导，迭代优化农房设计通用图集。着力打造美丽河湖、美丽水站、美丽山塘、绿色水电站，持续推进村庄环境综合整治，抓实美丽庭院、杆线序化等工作。

3. 打造未来文化场景

开展文明村、文明家庭、身边好人等选树活动，积极参与“浙江有礼”省域品牌培育。全面提升农村文化礼堂，配置新时代文明实践站、乡贤馆、百姓戏台等，推动县级图书馆、文化馆在乡村设立服务点。建好乡村文艺传承队伍，培育好乡村

① 浙江省人民政府办公厅关于开展未来乡村建设的指导意见[EB/OL].（2022-02-07）[2025-05-15]. https://www.zj.gov.cn/art/2022/2/7/art_1229514424_2403058.html.

文化产业，打响“我们的村晚”“我们的村歌”“我们的村运”等乡村文化品牌。推进历史文化（传统）村落和二十四节气等农耕文化保护利用。鼓励高校、艺术团体在乡村设立实践基地。高水平建设等级幼儿园、义务教育标准化学校。依托乡镇成人学校（社区学校）建设农民学校、老年学校（学堂）、家长学校等。

4. 打造未来邻里场景

利用公共空间和场所，改造提升配套设施，建好村民茶余饭后互动交流的“乡村会客厅”。弘扬邻里团结、守望相助的传统美德，加强对优抚对象、困难家庭、独居老人、残疾人等的帮扶。完善购物、餐饮、金融、电信等生活配套，打造15分钟幸福生活圈。依法完善村规民约和自治章程，推广邻里贡献积分等机制，让有德者有所得。

5. 打造未来健康场景

健全农村疫情常态化防控机制，高水平开展爱国卫生运动，科学防制病媒生物，保障饮用水与食品安全，提高农民群众健康素养。加强政府办村卫生室规范化、标准化建设，全面落实乡村一体化管理，打造20分钟医疗圈，高质量供给公共卫生服务和全生命周期健康管理。完善体育健身设施配置，开展全民健身活动，建成15分钟健身圈。实施困难老年人家庭适老化改造，提供紧急呼叫等智能化服务，扩大居家养老服务中心覆盖面，打造15分钟养老圈。

6. 打造未来低碳场景

全面保护和修复生态环境，使绿水青山成为未来乡村最显著的标志。推广“一村万树”做法，发展乡土树、珍贵树、彩色树、经济树，建设森林村庄。夯实农村供水县级统管机制，健全农村人居环境长效管护机制，全面普及生活垃圾分类，深入开展农村生活污水治理“强基增效双提标”行动和厕所革命。加快农业绿色发展，深化“肥药两制”改革，加强畜禽养殖污染防控。扎实做好农业农村领域节能减排工作，大力提倡节约用水，积极发展太阳能、天然气、风能等可再生能源，优化电网、气网等基础设施布局，提高乡村生产生活的电气化、清洁化水平。弘扬生态文化，建设生态文化基地和生态文化村。倡导取之有度、用之有节的低碳理念。

7. 打造未来交通场景

高水平建设“四好农村路”，建制村公路原则上达到双向车道以上。加密城乡公交班次，推广公交数字化服务应用，提升城乡公交一体化水平。重视村内支路建设，科学布设停车场（位），户均车位达到1个以上，建设新能源汽车充电设施。设立快递综合服务点，收寄快递不出村。

8. 打造未来智慧场景

加快推进乡村新基建，实现千兆光纤网络、5G移动网全覆盖。推动更多农业生产、经营、服务、监管等多跨场景落地应用，形成“乡村大脑+产业地图+数字农业工厂（基地）”发展格局。完善农村电子商务配套设施，壮大社交电子商务、直播电子商务等新业态。迭代乡村教育、健康、养老、文化、旅游、住房、供水、灌溉等数字化应用场景，推动城乡公共服务同质化，基本实现村民办事不出村。建设乡村气象、水文、地质、山洪、旱情等数据实时发布和预警应用，实现农村应急广播和“雪亮工程”全覆盖。

9. 打造未来治理场景

坚持和发展新时代“枫桥经验”，顺应基层治理体系变革，全面实施阳光治理工程，深入开展平安乡村建设和省级善治示范村创建，规范提升全科网格建设，推动自治、法治、德治、智治融合。广泛实行群众自我管理、自我服务、自我教育、自我监督，发挥好各类社会组织作用，强化农村集体“三资”（资金、资产、资源）云监管、“三务”（党务、村务、财务）云公开。大力推进移风易俗，有效革除陈规陋习。引导乡贤在党组织领导下依法依规参与乡村治理，促进项目回归、人才回乡、资金回流、技术回援、文化回润、公益回扶。加快补齐基本公共服务短板，加快实现幼有善育、学有优教、劳有厚得、病有良医、老有颐养、住有宜居、弱有众扶。

第四节　美丽乡村建设的目标和任务

一、美丽乡村建设的目标

《美丽乡村建设实施方案》提出，美丽乡村建设的主要目标是：到2027年，美丽乡村整县建成比例达到40%。农业绿色发展进展明显，重点区域农业面源污染得到有效遏制，新增完成6万个行政村环境整治，有条件的设区的市或者县（市、区）率先全域基本消除较大面积农村劣V类水体。到2035年，美丽乡村基本建成。农村绿色生产生活方式广泛形成，乡政府驻地、中心村等重点村庄全面完成环境整治，基本消除较大面积农村劣V类水体，有条件的设区的市或者县（市、区）率先重现乡村“河里游泳、溪里捉鱼”的亲水记忆。

整县推进美丽乡村建设基本指标包括：农村生态环境质量（农村生活污水治理/管控率、农村生活垃圾、农村黑臭水体、畜禽养殖污染、水土保持率、生态清洁小流域建设及乡村河湖长效管护）、农业绿色低碳发展（耕地土壤有机质含量、农药包装废弃物回收率、农膜生产使用、秸秆利用和管控）、农村幸福宜居品质（乡村形态、乡风建设）。①

二、当前乡村建设的任务②

1. 各美其美、美美与共的美丽乡村格局

深入学习运用“千万工程”经验　坚持“问需于农”“问计于农”“问效于农”，集中力量抓好办成一批群众可感可及的实事，推进村庄生态环境质量、农业绿色低碳发展水平、农村居民生活品质全面提升，建成一批生态宜居的美丽乡村，为老百姓留住鸟语花香、田园风光，让农村成为安居乐业的美丽家园。

实施整县推进美丽乡村建设行动　坚持城乡融合发展，积极探索各美其美的

---

① 关于印发《美丽乡村建设实施方案》的通知[EB/OL].（2025-01-20）[2025-05-15]. https://www.gov.cn/zhengce/zhengceku/202501/content_7000084.htm.

② 关于印发《美丽乡村建设实施方案》的通知[EB/OL].（2025-01-20）[2025-05-15]. https://www.gov.cn/zhengce/zhengceku/202501/content_7000084.htm.

整县建设美丽乡村模式和路径，坚守空间管控底线，统筹各类用地需求。选择有条件的县（市、区）开展整县推进美丽乡村建设行动，注重总结提炼和推广基层的好经验好做法，梯次推进美丽乡村建设全域覆盖，推动差异化打造、特质化发展、全域化提升。2027年前，分类选取100个左右重点县（市、区），全域推进美丽乡村建设，纳入美丽中国先行区统筹推进。

强化乡村空间设计和风貌引导　结合自然条件、传统特色和民风民俗，合理确定宅基地及其他乡村建设项目的布局、规模及空间形态，塑造美丽乡村特色风貌。对历史文化名村、传统村落等历史文化遗产及其整体环境实施严格保护和管控，促进活化利用。

制定符合地方特色的指标体系　国家设立整县推进美丽乡村建设基本指标体系。各省（区、市）可在基本指标体系的基础上，突出自身特点，建立省级指标体系，并逐步迭代升级。鼓励州（市）、县（市、区）以生态环境综合治理、“两山”转化、绿色农业发展、促进宜居宜业为重点，结合本区域特色、发展水平、财政承受能力、农村居民接受程度等，细化指标体系和目标指标要求。

2. 全面改善农村生态环境质量

梯次推进农村生活污水治理　强化农村生活污水水量水质调查，因地制宜选择资源化利用、纳入城镇污水管网/厂、相对集中式或集中式处理等治理模式。对采取相对集中式或者集中式处理的，选择当地经济可承受、与管理水平相适应的技术工艺，确保设施规模合理、可靠稳定运行。积极探索人口“潮汐”现象明显的村庄生活污水治理模式。以设计日处理能力100吨及以上的设施为重点，加强监管。到2027年和2035年，全国农村生活污水治理（管控）率分别达到60%、85%。

有效治理农村生活垃圾　完善农村生活垃圾收运处置设施，明确设施管理维护责任主体和经费来源，保障收运处置体系常态化运行。因地制宜在偏远村镇建设小型化分散式焚烧处理设施。

基本消除农村黑臭水体和较大面积劣Ⅴ类水体　持续开展农村黑臭水体动态排查。以农村居住集聚区、非正规或简易垃圾填埋场周边、群众反映强烈的水体为重点，开展农村较大面积劣Ⅴ类水体摸底排查，建立清单并动态更新。坚持以控源截污为根本，统筹农村生活污水垃圾、农业源、工业（小作坊）源和内源等污染源，优先采用资源化、生态化治理措施，结合水系连通，综合治理农村黑臭水体、较大面积劣Ⅴ类水体。鼓励将水体治理与村庄改善生活环境相结合。建立健全长效管护机制，畅通举报和反馈渠道。到2027年，基本消除农村黑臭水体。

协同推进畜禽养殖氨等臭气治理　加强畜禽粪污综合管理，推进氨等臭气污染防控。开展京津冀及周边地区大气氨排放控制试点，到2025年，京津冀及周边地区大型规模化畜禽养殖场大气氨排放总量比2020年下降5%。对群众反映强烈的恶臭异味等扰民问题加强排查整治。

综合治理乡村水土流失　统筹生产生活生态，以流域水 系为单元，整沟、整村、整乡、整县一体化推进水土流失综合治理。以水系、村庄和城镇周边为重点，大力推进生态清洁小流域建设。

长效保护乡村自然生态　落实生态保护红线管理制度。保护乡村山体田园、河湖、海洋、湿地、原生植被、珍稀濒危物种。加强天然林和公益林、天然草原、水产种质资源保护区、小微水体保护修复。保护古树名木及其自然生境，对古树名木实行挂牌保护，及时抢救复壮。开展护村林、护路林、护岸林建设，构建乡村生态廊道体系。充分利用农村道路、沟渠、田坎等现有空间，加强农田（牧场）防护林建设。完善河长制湖长制体系，建立健全乡村河湖长效管护机制。

3. 大力推进农业绿色低碳发展

加强农用地土壤保护　分阶段推进农用地土壤重金属污染溯源和整治全覆盖。各省级生态环境部门明确农用地土壤重金属污染溯源和整治全覆盖的任务和时限要求，整县或整市推进。重点县（市、区）到2027年，基本完成污染溯源；到2030年，基本完成污染源整治。到2035年，涉及受污染农用地的县（市、区）基本完成污染源整治。加强农用地分类管理，动态调整耕地土壤环境质量类别。实施耕地有机质提升行动。加强盐碱地综合利用中的生态环境风险防范，保护黑土地，推动土壤健康永续利用。在重点地区开展土壤微塑料试点调查。严厉打击危险废物非法排放、倾倒、利用、处置等环境违法犯罪行为。

加强生态养殖和健康养殖引导　科学布局，促进养殖规模与资源环境相匹

配，推进畜禽粪污资源化利用，在散养密集区因地制宜建立畜禽粪污收运利用系统，鼓励实施畜禽粪污养分平衡管理。推广绿色健康养殖模式，开展养殖池塘标准化改造及水产养殖尾水达标治理。鼓励出台水产养殖尾水排放地方标准。将规模化畜禽养殖、水产养殖排污口纳入监管。到2030年，畜禽粪污综合利用率达到85%以上。

加强农膜科学使用处置　严厉打击生产销售非标地膜、不按规定回收废旧地膜等违法行为。推广使用加厚高强度地膜和全生物降解地膜，因地制宜建立废旧地膜科学处置体系，鼓励将废旧农膜纳入低值可回收物回收体系，加强收集利用。健全农田地膜残留监测制度。

加强秸秆综合利用和有效管控　多渠道拓宽秸秆综合利用途径，提高秸秆还田科学化、标准化、规范化水平。健全秸秆收储运服务体系，提高离田效能。结合实际对秸秆禁烧范围等作出具体规定，进行精准划分，大气污染防治重点区域禁止露天焚烧秸秆。综合运用卫星遥感等手段，提高秸秆焚烧火点监测精准度。完善网格化监管体系，开展秸秆焚烧重点时段专项巡查，严防因秸秆集中焚烧引发重污染天气。到2027年，全国秸秆综合利用率稳定在88%以上。

加强重点区域系统治理　识别主要由农业面源污染导致氮、磷等污染突出的水体及所涉及区域，强化流域内统一协调，系统治理。聚焦主要流域和重点区域实施一批农业面源污染综合治理项目。加快农业投入品减量增效技术集成创新和推广应用。加强农业废弃物回收处理。开展农业面源污染治理成效评估。

4. 持续提升农村幸福宜居品质

扎实推进农村厕所革命　科学选择适宜技术模式，鼓励推广节水型、少水型设施设备。对于暂时无法开展水冲式厕所改造的地区，积极推进厕所粪污就地就近资源化利用。加强农村厕所革命与生活污水治理有机衔接，因地制宜推进厕所粪污分散处理、集中处理与纳入污水管网统一处理。持续完善厕所管护机制，健全日常巡检、设备维修和粪污清掏等管护体系。

大力推进农村地区清洁能源替代　推进农村地区特别是大气污染防治重点区域涉及的散煤、小锅炉、小窑炉治理。坚持先立后破，因地制宜成片推进北方地区清洁取暖，加大民用、农用散煤替代力度，到2025年底，大气污染防治重点区域平原地区散煤基本清零，有条件的地区逐步推进山区散煤清洁能源替代。推广生物质能、太阳能等绿色用能模式，加快农业设施等清洁能源替代。

深入实施乡村绿化美化　统筹山水林田湖草沙系统治理，因地制宜增加乡村绿量。持续实施农村“四旁”（水旁、宅旁、路旁、村旁）绿化，优先采用乡土树种。引导村民打造小花园、小果园、小菜园，见缝插绿、应绿尽绿。开展村庄公共空间整理，清理私搭乱建、乱堆乱放，整治残垣断壁，结合盘活农村零散闲置土地、死角盲区清理等，实施村庄微改造、精提升。

第二章

美丽乡村人居环境

改善农村人居环境，是实施乡村振兴战略的重点任务，事关广大农民根本福祉，事关农民群众健康，事关美丽中国建设，是美丽乡村建设的重要内容。必须继续全面扎实推进农村人居环境整治，基本实现村庄环境干净整洁有序，提升农民群众环境卫生观念，普遍提高乡村的生活质量。通过优化美丽乡村的空间格局、整治人居环境和提升宜居宜业水平，推进美丽乡村建设不断发展。

第一节　美丽乡村的空间格局优化

一、统筹城乡规划

1. 加强乡村规划建设管理

坚持县域规划建设一盘棋，明确村庄布局分类，细化分类标准。合理划定各类空间管控边界，优化布局乡村生活空间，因地制宜界定乡村建设规划范围，严格保护农业生产空间和乡村生态空间，牢牢守住18亿亩耕地红线。严禁随意撤并村庄搞大社区、违背农民意愿大拆大建。积极有序推进村庄规划编制。发挥村庄规划指导约束作用，确保各项建设依规有序开展。建立政府组织领导、村民发挥主体作用、专业人员开展技术指导的村庄规划编制机制，共建共治共享美好家园。[①]

① 中共中央办公厅　国务院办公厅印发《乡村建设行动实施方案》[EB/OL].（2022-05-23）[2025-05-15]. https://www.gov.cn/zhengce/2022-05/23/content_5691881.htm.

2. 统筹县域城乡规划布局

顺应人口变化趋势，推动乡村全面振兴与新型城镇化有机结合，发挥县乡国土空间规划的空间统筹和要素保障作用，促进城乡产业发展、基础设施、公共服务一体化。提高村庄规划编制质量和实效，不得要求村庄规划编制全覆盖，对不需要编制的可在县乡级国土空间规划中管控引导或出台通则式管理规定。合理确定村庄建设重点和优先序，统筹建设和管护，探索具有地域特色的乡村建设模式。在耕地总量不减少、永久基本农田布局基本稳定的前提下，开展以县域为统筹单元、以乡镇为基本实施单元的全域土地综合整治。①

以资源环境承载能力和国土空间开发适宜性评价为基础，优化农业、生态和城镇空间布局。严守耕地和永久基本农田、生态保护红线和城镇开发边界等主要控制线，科学编制实施县级国土空间总体规划。强化耕地保护，坚决整治乱占、破坏耕地等违法行为，严格落实省级党委和政府耕地保护责任，有序恢复耕地，逐步补足耕地保护任务缺口。改革完善耕地占补平衡制度，完善补充耕地质量验收机制，实施耕地有机质提升行动，确保耕地数量有保障、质量有提升。健全保障耕地用于种植基本农作物管理体系，绘制全国耕地种植用途“一张图”。优化乡村功能和空间布局，充分发挥乡村在保障农产品供给和粮食安全、保护生态环境、传承发展中华优秀传统文化等方面的特有功能。加强以“七区二十三带”为主体的农产品主产区建设，建设国家粮食安全产业带。筑牢“三区四带”生态安全屏障。保留乡村景观特色，赓续农耕文明。②

3. 增强乡村规划引领效能

适应乡村人口变化趋势，优化村庄布局、产业结构、公共服务配置。强化县域国土空间规划对城镇、村庄、产业园区等空间布局的统筹。分类编制村庄规划，可单独编制，也可以乡镇或若干村庄为单元编制，不需要编制的可在县乡级国土空间规划中明确通则式管理规定。加强村庄规划编制实效性、可操作性和执行约束力，

① 中共中央　国务院关于进一步深化农村改革　扎实推进乡村全面振兴的意见[EB/OL].（2025-02-23）[2025-05-15]. https://www.gov.cn/zhengce/202502/content_7005158.htm.

② 中共中央、国务院印发《乡村全面振兴规划（2024—2027年）》[EB/OL].（2025-01-22）[2025-05-15]. https://www.gov.cn/zhengce/202501/content_7000493.htm.

强化乡村空间设计和风貌管控。在耕地总量不减少、永久基本农田布局基本稳定的前提下，综合运用增减挂钩和占补平衡政策，稳妥有序开展以乡镇为基本单元的全域土地综合整治，整合盘活农村零散闲置土地，保障乡村基础设施和产业发展用地。[①]

二、提高村庄规划编制质量[②]

1. 整体优化宜居宜业和美乡村布局

各地要结合县乡级国土空间规划编制，统筹新型城镇化和乡村全面振兴，优化细化县域镇村体系布局，明确重点发展村庄，引导人口、产业适度集聚紧凑布局；促进城乡融合发展，统筹优化县域产业园区、公共服务设施、基础设施等空间布局，形成宜居宜业和美乡村建设的县域整体优势。在符合“三区三线”管控要求，确保县域村庄建设边界规模不超过2020年度国土变更调查村庄用地（203）规模的前提下，可结合县乡级国土空间规划优化村庄建设边界，并预留部分规模作为规划“留白”机动指标，为未来发展留有余地。

2. 分类有序推进村庄规划编制

各地要结合实际加强村庄规划编制分类指导，推进有需求、有条件的村庄编制村庄规划，不下达完成指标和完成时限，不盲目追求村庄规划编制“全覆盖”，不要求编制工作进度“齐步走”和成果深度“一刀切”。对没有需求、不具备条件的村庄可暂不编制规划，对个别地方此前作出的下指标、定进度等要求，要及时予以整改纠正。重点发展村庄可单独编制村庄规划，或多个村庄合并编制，或与乡镇级国土空间规划联合编制；城镇开发边界内及边界处已明确城镇化任务的村庄，可纳入城镇控制性详细规划统筹编制；其他村庄可制定“通则式”规划管理规定，明确村庄建设边界以及“三区三线”、自然灾害风险防控线、历史文化保护线和风貌特

① 中共中央 国务院关于学习运用“千村示范、万村整治”工程经验有力有效推进乡村全面振兴的意见[EB/OL].（2024-02-03）[2025-05-15]. https://www.gov.cn/zhengce/202402/content_6929934.htm.

② 自然资源部 中央农村工作领导小组办公室关于学习运用“千万工程”经验提高村庄规划编制质量和实效的通知[EB/OL].（2024-02-22）[2025-05-15]. https://gi.mnr.gov.cn/202402/t20240222_2838000.html.

色等控制引导要求，纳入县乡级国土空间规划，依法报批后作为乡村规划建设管理依据。通过上述方式，实现乡村地区空间规划管理全覆盖。“多规合一”改革前已批准的村庄规划，经评估符合要求或补充完善后符合要求的，可继续使用。历史文化名村、传统村落等特色保护类的村庄规划编制和实施应将各类遗产保护利用管理要求统一纳入，明确土地利用、空间形态风貌的规划管控引导要求，防止搞成“两张皮”。

3. 提升村庄规划编制质量

各地要立足本地资源禀赋特点和资产关系，扎实开展田野调查，规划应深入挖掘村庄自然资源和历史文化内涵，突出地域特色和比较优势，不简单套用城市规划方法，避免造成“千村一面”。要因地制宜开展乡村空间设计，塑造美丽乡村特色风貌，统筹乡村经济、生活、生态和安全需求，统筹自然、历史、乡土文化和农耕景观资源，统筹人口、产业、土地和资产关系，优化土地利用和功能布局，适应乡村生产生活方式现代化新要求，满足村民养老、托幼、殡葬等乡村公共服务的合理空间需求。要结合县乡级国土空间规划合理确定乡村社区健康安全单元，划定灾害风险防控区域，合理布局疏散空间和通道，衔接县域安全应急的公共服务设施和基础设施，提升乡村地区安全韧性。其中，超大特大城市周边乡村地区要确定“平急两用”重点区域，结合村庄规划明确“平急两用”公共基础设施的功能转换和用途管制要求。

4. 全域全要素编制村庄规划①

县、乡镇级国土空间规划中，统筹城镇和乡村发展，合理优化村庄布局。结合考虑县、乡镇级国土空间规划工作节奏，根据不同类型村庄发展需要，有序推进村庄规划编制。集聚提升类等建设需求量大的村庄加快编制，城郊融合类的村庄可纳入城镇控制性详细规划统筹编制，搬迁撤并类的村庄原则上不单独编制。避免脱离实际追求村庄规划全覆盖。

以第三次国土调查的行政村界线为规划范围，对村域内全部国土空间要素作出

① 自然资源部办公厅关于进一步做好村庄规划工作的意见[EB/OL].（2020-12-16）[2025-05-15]. https://gi.mnr.gov.cn/202012/t20201216_2595353.html.

规划安排。按照《国土空间调查、规划、用途管制用地用海分类指南（试行）》，细化现状调查和评估，统一底图底数，并根据差异化管理需要，合理确定村庄规划内容和深度。

尊重自然地理格局，彰显乡村特色优势。在落实县、乡镇级国土空间总体规划确定的生态保护红线、永久基本农田基础上，不挖山、不填湖、不毁林，因地制宜划定历史文化保护线、地质灾害和洪涝灾害风险控制线等管控边界。以第三次国土调查为基础划好村庄建设边界，明确建筑高度等空间形态管控要求，保护历史文化和乡村风貌。

精准落实最严格的耕地保护制度，将上位规划确定的耕地保有量、永久基本农田指标细化落实到图斑地块，确保图、数、实地相一致。

统筹县域城镇和村庄规划建设，优化功能布局。工业布局要围绕县域经济发展，原则上安排在县、乡镇的产业园区；对利用本地资源、不侵占永久基本农田、不破坏自然环境和历史风貌的乡村旅游、农村电商、农产品分拣、冷链、初加工等农村产业业态可根据实际条件就近布局；严格落实“一户一宅”，引导农村宅基地集中布局；强化县城综合服务能力，把乡镇建成服务农民的区域中心，统筹布局农村基础设施、公益事业设施和公共设施，促进设施共建共享，提高资源利用节约集约水平。

三、提高村庄规划编制实效①

1. 提高规划的实效性

各地要以村庄规划（或县乡级国土空间规划）为依据，用好全域土地综合整治、城乡建设用地增减挂钩、主体功能区等政策工具，优化乡村农业、生态和建设空间，引导耕地“数量质量生态”系统连片保护、各类建设用地高效集聚。探索村庄建设用地兼容和农业、生态空间复合利用，优先保障农村一二三产业融合发展的空间需求。发展农产品初加工、休闲观光旅游必需的配套设施建设，可在村庄就

① 自然资源部　中央农村工作领导小组办公室关于学习运用“千万工程”经验提高村庄规划编制质量和实效的通知[EB/OL].（2024-02-22）[2025-05-15]. https://gi.mnr.gov.cn/202402/t20240222_2838000.html.

近布局；规模较大、工业化程度较高、分散布局配套设施成本较高的产业项目要进产业园区；对空间区位有特殊要求、确需在村庄建设边界外选址的零星文化旅游设施、农业设施、邻避设施项目等，在符合耕地保护等政策要求的基础上，可使用规划“留白”机动指标予以保障。

2. 引导农民参与村庄规划编制

各地要采取农民喜闻乐见的形式，讲清编制“多规合一”的实用性村庄规划的意义和主要内容。要有效发挥村级组织作用，动员村民参与村庄规划编制，引导农村致富带头人、新型农业经营主体、外出务工经商人员等献计献策，增强村庄规划的针对性和可实施性。要严格落实村级事务民主决策程序，做好村民讨论、方案比选、方案公示等工作，保障人民的知情权、参与权、表达权、监督权。村庄规划成果可制作直观易懂的版本，让农民看得懂、好操作、能监督。

3. 加强全生命周期管理和服务

各地要建立健全政府领导、自然资源主管部门统筹、相关部门协同、村民和集体组织全程参与的规划编制和实施保障机制，提高乡村建设和治理的实效。要依托国土空间基础信息平台，应用信息化手段提升村庄规划编制和实施的指导服务能力，有效控制规划编制和实施成本。要将村庄规划成果及时纳入国土空间规划“一张图”，并结合年度国土变更调查等开展规划实施体检评估，推动建立村庄规划编制、审批、实施、监督的全周期管理工作机制。要加强和规范乡村地区用途管制，做好乡村建设规划许可证核发，优化乡村用地办理程序，完善地方相关技术标准和政策规则。要建立健全乡村责任规划师制度，完善注册城乡规划师继续教育内容，探索将城乡规划编制单位和规划师下乡开展公益服务编制村庄规划，作为单位业绩考核和规划师职称评定的加分项，积极培养在地规划人才。

第二节　美丽乡村的人居环境整治

一、厕所革命、生活污水和垃圾处理①

1. 扎实推进农村厕所革命

逐步普及农村卫生厕所　新改户用厕所基本入院，有条件的地区要积极推动厕所入室，新建农房应配套设计建设卫生厕所及粪污处理设施设备。重点推动中西部地区农村户厕改造。合理规划布局农村公共厕所，加快建设乡村景区旅游厕所，落实公共厕所管护责任，强化日常卫生保洁。

切实提高改厕质量　科学选择改厕技术模式，宜水则水、宜旱则旱。技术模式应至少经过一个周期试点试验，成熟后再逐步推开。严格执行标准，把标准贯穿于农村改厕全过程。在水冲式厕所改造中积极推广节水型、少水型水冲设施。加快研发干旱和寒冷地区卫生厕所适用技术和产品。加强生产流通领域农村改厕产品质量监管，把好农村改厕产品采购质量关，强化施工质量监管。

加强厕所粪污无害化处理与资源化利用　加强农村厕所革命与生活污水治理有机衔接，因地制宜推进厕所粪污分散处理、集中处理与纳入污水管网统一处理，鼓励联户、联村、村镇一体处理。鼓励有条件的地区积极推动卫生厕所改造与生活污水治理一体化建设，暂时无法同步建设的应为后期建设预留空间。积极推进农村厕所粪污资源化利用，统筹使用畜禽粪污资源化利用设施设备，逐步推动厕所粪污就地就农消纳、综合利用。

2. 加快推进农村生活污水治理

分区分类推进治理　优先治理京津冀、长江经济带、粤港澳大湾区、黄河流域及水质需改善控制单元等区域，重点整治水源保护区和城乡接合部、乡镇政府驻地、中心村、旅游风景区等人口居住集中区域的农村生活污水。开展平原、山地、丘陵、缺水、高寒和生态环境敏感等典型地区农村生活污水治理试点，以资源化利

① 中共中央办公厅　国务院办公厅印发《农村人居环境整治提升五年行动方案（2021—2025年）》[EB/OL].（2024-02-22）[2025-05-15]. https://www.gov.cn/zhengce/2021-12/05/content_5655984.htm.

用、可持续治理为导向，选择符合农村实际的生活污水治理技术，优先推广运行费用低、管护简便的治理技术，鼓励居住分散地区探索采用人工湿地、土壤渗滤等生态处理技术，积极推进农村生活污水资源化利用。

加强农村黑臭水体治理 摸清全国农村黑臭水体底数，建立治理台账，明确治理优先序。开展农村黑臭水体治理试点，以房前屋后河塘沟渠和群众反映强烈的黑臭水体为重点，采取控源截污、清淤疏浚、生态修复、水体净化等措施综合治理，基本消除较大面积黑臭水体，形成一批可复制可推广的治理模式。鼓励河长制和湖长制体系向村级延伸，建立健全促进水质改善的长效运行维护机制。

3. 全面提升农村生活垃圾治理水平

健全生活垃圾收运处置体系 根据当地实际，统筹县乡村三级设施建设和服务，完善农村生活垃圾收集、转运、处置设施和模式，因地制宜采用小型化、分散化的无害化处理方式，降低收集、转运、处置设施建设和运行成本，构建稳定运行的长效机制，加强日常监督，不断提高运行管理水平。

推进农村生活垃圾分类减量与利用 加快推进农村生活垃圾源头分类减量，积极探索符合农村特点和农民习惯、简便易行的分类处理模式，减少垃圾出村处理量，有条件的地区基本实现农村可回收垃圾资源化利用、易腐烂垃圾和煤渣灰土就地就近消纳、有毒有害垃圾单独收集贮存和处置、其他垃圾无害化处理。有序开展农村生活垃圾分类与资源化利用示范县创建。协同推进农村有机生活垃圾、厕所粪污、农业生产有机废弃物资源化处理利用，以乡镇或行政村为单位建设一批区域农村有机废弃物综合处置利用设施，探索就地就近就农处理和资源化利用的路径。扩大供销合作社等农村再生资源回收利用网络服务覆盖面，积极推动再生资源回收利用网络与环卫清运网络合作融合。协同推进废旧农膜、农药肥料包装废弃物回收处理。积极探索农村建筑垃圾等就地就近消纳方式，鼓励用于村内道路、入户路、景观等建设。

二、村容村貌提升和机制健全[①]

1. 村容村貌整体提升

改善村庄公共环境　全面清理私搭乱建、乱堆乱放，整治残垣断壁，通过集约利用村庄内部闲置土地等方式扩大村庄公共空间。科学管控农村生产生活用火，加强农村电力线、通信线、广播电视线“三线”维护梳理工作，有条件的地方推动线路违规搭挂治理。健全村庄应急管理体系，合理布局应急避难场所和防汛、消防等救灾设施设备，畅通安全通道。整治农村户外广告，规范发布内容和设置行为。关注特殊人群需求，有条件的地方开展农村无障碍环境建设。

推进乡村绿化美化　深入实施乡村绿化美化行动，突出保护乡村山体田园、河湖湿地、原生植被、古树名木等，因地制宜开展荒山荒地荒滩绿化，加强农田（牧场）防护林建设和修复。引导鼓励村民通过栽植果蔬、花木等开展庭院绿化，通过农村“四旁”（水旁、路旁、村旁、宅旁）植树推进村庄绿化，充分利用荒地、废弃地、边角地等开展村庄小微公园和公共绿地建设。支持条件适宜地区开展森林乡村建设，实施水系连通及水美乡村建设试点。

加强乡村风貌引导　大力推进村庄整治和庭院整治，编制村容村貌提升导则，优化村庄生产生活生态空间，促进村庄形态与自然环境、传统文化相得益彰。加强村庄风貌引导，突出乡土特色和地域特点，不搞千村一面，不搞大拆大建。弘扬优秀农耕文化，加强传统村落和历史文化名村名镇保护，积极推进传统村落挂牌保护，建立动态管理机制。

2. 建立健全长效管护机制

持续开展村庄清洁行动　大力实施以“三清一改”（清理农村生活垃圾、清理村内塘沟、清理畜禽养殖粪污等农业生产废弃物，改变影响农村人居环境的不良习惯）为重点的村庄清洁行动，突出清理死角盲区，由“清脏”向“治乱”拓展，由村庄面上清洁向屋内庭院、村庄周边拓展，引导农民逐步养成良好卫生习惯。结

① 中共中央办公厅　国务院办公厅印发《农村人居环境整治提升五年行动方案（2021—2025年）》[EB/OL].（2024-02-22）[2025-05-15]. https://www.gov.cn/zhengce/2021-12/05/content_5655984.htm.

合风俗习惯、重要节日等组织村民清洁村庄环境，通过“门前三包”等制度明确村民责任，有条件的地方可以设立村庄清洁日等，推动村庄清洁行动制度化、常态化、长效化。

健全农村人居环境长效管护机制 明确地方政府和职责部门、运行管理单位责任，基本建立有制度、有标准、有队伍、有经费、有监督的村庄人居环境长效管护机制。利用好公益性岗位，合理设置农村人居环境整治管护队伍，优先聘用符合条件的农村低收入人员。明确农村人居环境基础设施产权归属，建立健全设施建设管护标准规范等制度，推动农村厕所、生活污水垃圾处理设施设备和村庄保洁等一体化运行管护。有条件的地区可以依法探索建立农村厕所粪污清掏、农村生活污水垃圾处理农户付费制度，以及农村人居环境基础设施运行管护社会化服务体系和服务费市场化形成机制，逐步建立农户合理付费、村级组织统筹、政府适当补助的运行管护经费保障制度，合理确定农户付费分担比例。

三、深入推进城乡风貌整治提升①

1. 推进公共服务优化提升专项行动

突出对“一老一小”群体的服务供给力度，加快产权梳理整合，加强建设运营的统筹，完善教育、医疗、养老、托育等各类配套设施配置。结合全域未来社区建设要求，联动城镇老旧小区改造，根据城镇社区建设专项体检结果，加快开展城镇社区公共服务补短板行动。积极推进公共环境适老化、适儿化改造，推进无障碍环境建设和应急广播建设。在城市风貌样板区内率先开展社区公共服务补短板行动，实现“一老一小”服务场景全覆盖。

2. 推进入口门户特色塑造专项行动

在省际、市际、县际和城乡重要交通枢纽等区域，推进可视范围内视觉污染净化工程，打造一批充分展示地域文化特质的入口门户，重点抓好省际入口门户整治提升。突出绿色发展要求，倡导本土化、低成本和低维护绿化景观、彰显地方文化

① 浙江省住房和城乡建设厅关于深入推进城乡风貌整治提升 加快推动和美城乡建设的指导意见[EB/OL].（2023-11-08）[2025-05-15]. https://jst.zj.gov.cn/art/2023/11/8/art_1229159074_2495499.html.

的雕塑小品，综合提升入口门户功能性、协调性、标志性。鼓励对通信铁塔等构筑物进行景观化改造和复合利用，兼具基础通信、展示宣传、智慧管理等功能，探索多方参与、有效运营机制。

3. 推进公园绿地优化建设专项行动

老城区结合存量空间有机更新，加快建设口袋公园、体育公园。推进附属绿地建设，鼓励通过“拆墙透绿”“定点增绿”“见缝插绿”等形式，加强社区和街区绿地贯通，强化城市中心区、老城区绿化功能。对既有综合公园、社区公园、滨水绿地等进行人本化改造，通过公共服务设施补足、边界通透性提升、城市公共环境艺术品配置、特色文化展陈等方式综合提高公园绿地品质。

4. 推进小微空间“共富风貌驿”建设专项行动

推进城市小微空间提质增效，合理利用边角空间、桥下空间、行政企事业单位可供公众使用的空间等各类闲置或低效的小微空间，以及各类闲置、废弃或功能单一、低效利用的公共建筑，依法依规用作休闲、公共服务、体育健身等功能，打造一批具有示范效应的小微空间更新利用项目，开展“共富风貌驿”设计评选和落地建设。

5. 推进地域民居建设专项行动

按照“活化利用一批具有历史价值的传统民居，改造提升一批体现地方特色的存量民居，新建呈现一批浙派民居”的思路，联动土地综合整治、“一村万树”示范村建设等工作，以当地民居建设为主抓手，坚持文物保护原则，持续改善乡村生态环境，统筹推进美丽宜居示范村建设、传统村落保护利用、特色民居打造，全面整治提升农村住房风貌，鼓励率先在县域风貌样板区中落地一批浙派民居特色村。

6. 推进美丽廊道串珠成链专项行动

联动土地综合整治，打造一批美丽田园。推进美丽廊道道路沿线环境清乱和架空线路序化，加强水环境综合治理，倡导驳岸与河床生态化改造，注重沿河景观廊道的休憩功能、服务功能、文化功能植入。开展道路、河流、海岸、山岭等廊道建设，加强廊道沿线自然连通，科学实施扩绿增量和精准提升森林质量，强化外来有害生物防控，保护修复沿线重要湿地。充分发挥美丽公路、美丽绿道、美丽河湖、美丽山林等要素在县域风貌整治提升中的基底和链接作用，实现美丽廊道整体塑造和集成展现。

第三节　乡村宜居宜业水平提升

一、美丽乡村基础设施提升

1. 推动基础设施向农村延伸

分类推进城乡供水一体化、集中供水规模化、小型供水规范化建设，有条件的地方可推行农村供水县域统管和专业化管护。实施好新一轮农村公路提升行动，开展农村公路及桥梁隧道风险隐患排查和整治，持续推动“四好农村路”高质量发展。巩固具备条件的乡镇和建制村通客车成果，改善农村水路交通出行条件，推进农村客货邮融合发展。深化快递进村，加强村级寄递物流综合服务站建设。深化县域商业体系建设，支持连锁经营布局县域市场，推动冷链配送和即时零售向乡镇延伸。推动农村消费品以旧换新，完善废旧家电等回收网络。巩固提升农村电力保障水平，加强农村分布式可再生能源开发利用，鼓励有条件的地方建设公共充换电设施。提升农村地区电信普遍服务水平。继续实施农村危房改造和农房抗震改造，做好受灾地区因灾倒损住房恢复重建。①

2. 推进基础设施提档升级

提高路网通达水平，加快农村公路骨干路网提档升级和基础网络延伸连通，深化推进“四好农村路”、城乡交通一体化高质量发展。强化供水安全保障，因地制宜推进城乡供水一体化、集中供水规模化发展，实施小型供水工程规范化建设和改造，加强中小型水源保障工程建设，实施水质提升行动。优化能源供给，巩固提升农村电网，发展清洁能源。提升农房质量安全水平，持续开展农村危房改造和农房

---

① 中共中央　国务院关于进一步深化农村改革　扎实推进乡村全面振兴的意见[EB/OL].（2025-02-23）[2025-05-15]. https://www.gov.cn/zhengce/202502/content_7005158.htm.

抗震改造，推动现代宜居农房建设。①

3. 推进农村基础设施补短板

从各地实际和农民需求出发，抓住普及普惠的事，干一件、成一件。完善农村供水工程体系，有条件的推进城乡供水一体化、集中供水规模化，暂不具备条件的加强小型供水工程规范化建设改造，加强专业化管护，深入实施农村供水水质提升专项行动。推进农村电网巩固提升工程。推动农村分布式新能源发展，加强重点村镇新能源汽车充换电设施规划建设。扎实推进“四好农村路”建设，完善交通管理和安全防护设施，加快实施农村公路桥梁安全“消危”行动。继续实施农村危房改造和农房抗震改造，巩固农村房屋安全隐患排查整治成果。持续实施数字乡村发展行动，发展智慧农业，缩小城乡“数字鸿沟”。实施智慧广电乡村工程。鼓励有条件的省份统筹建设区域性大数据平台，加强农业生产经营、农村社会管理等涉农信息协同共享。②

4. 推进基础设施更新改造专项行动

全面推进城乡基础设施提档升级，加快推进燃气，供、排水等管道及设施更新改造和城乡联网，因地制宜推进地下管廊建设，提升基础设施数字化监管水平。实施城中村、老旧城区和城乡接合部的市政污水管网规划建设和问题管网更新改造，鼓励结合城市风貌样板区建设率先开展一批片区化城市基础设施更新项目建设。深化“垃圾、污水、厕所”三大革命，深化推进农村生活污水治理“强基增效双提标”行动，构建农村生活污水数字化治理水平，鼓励结合县域风貌样板区建设率先开展一批绿色处理设施和污水零直排村试点建设，在巩固城市黑臭水体治理成果的基础上，基本消除农村黑臭水体。③

---

① 中共中央 国务院印发《乡村全面振兴规划（2024—2027年）》[EB/OL].（2025-01-22）[2025-05-15]. https://www.gov.cn/zhengce/202501/content_7000493.htm.

② 中共中央 国务院关于学习运用“千村示范、万村整治”工程经验有力有效推进乡村全面振兴的意见[EB/OL].（2024-02-03）[2025-05-15]. https://www.gov.cn/zhengce/202402/content_6929934.htm.

③ 浙江省住房和城乡建设厅关于深入推进城乡风貌整治提升 加快推动和美城乡建设的指导意见[EB/OL].（2023-11-08）[2025-05-15]. https://jst.zj.gov.cn/art/2023/11/8/art_1229159074_2495499.html.

二、实施乡村基础工程建设①

1. 实施农村道路畅通工程

继续开展“四好农村路”示范创建，推动农村公路建设项目更多向进村入户倾斜。以县域为单元，加快构建便捷高效的农村公路骨干网络，推进乡镇对外快速骨干公路建设，加强乡村产业路、旅游路、资源路建设，促进农村公路与乡村产业深度融合发展。推进较大人口规模自然村（组）通硬化路建设，有序推进建制村通双车道公路改造、窄路基路面拓宽改造或错车道建设。加强通村公路和村内道路连接，统筹规划和实施农村公路的穿村路段建设，兼顾村内主干道功能。积极推进具备条件的地区城市公交线路向周边重点村镇延伸，有序实施班线客运公交化改造。开展城乡交通运输一体化示范创建。加强农村道路桥梁、临水临崖和切坡填方路段安全隐患排查治理。深入推进农村公路“安全生命防护工程”。加强农村客运安全监管。强化消防车道建设管理，推进林区和牧区防火隔离带、应急道路建设。

2. 强化农村防汛抗旱和供水保障

加强防汛抗旱基础设施建设，防范水库垮坝、中小河流洪水、山洪灾害等风险。充分发挥骨干水利工程防灾减灾作用，完善抗旱水源工程体系。稳步推进农村饮水安全向农村供水保障转变。强化水源保护和水质保障，推进划定千人以上规模饮用水水源保护区或保护范围，配套完善农村千人以上供水工程净化消毒设施设备，健全水质检测监测体系。实施规模化供水工程建设和小型供水工程标准化改造，更新改造一批老旧供水工程和管网。有条件地区可由城镇管网向周边村庄延伸供水，因地制宜推进供水入户，同步推进消防取水设施建设。按照“补偿成本、公平负担”的原则，健全农村集中供水工程合理水价形成机制。

3. 实施乡村清洁能源建设工程

巩固提升农村电力保障水平，推进城乡配电网建设，提高边远地区供电保障能

---

① 中共中央办公厅　国务院办公厅印发《乡村建设行动实施方案》[EB/OL].（2022-05-23）[2025-05-15]. https://www.gov.cn/zhengce/2022-05/23/content_5691881.htm.

力。发展太阳能、风能、水能、地热能、生物质能等清洁能源，在条件适宜地区探索建设多能互补的分布式低碳综合能源网络。按照先立后破、农民可承受、发展可持续的要求，稳妥有序推进北方农村地区清洁取暖，加强煤炭清洁化利用，推进散煤替代，逐步提高清洁能源在农村取暖用能中的比重。

4. 实施农产品仓储保鲜冷链物流设施建设工程

加快农产品仓储保鲜冷链物流设施建设，推进鲜活农产品低温处理和产后减损。依托家庭农场、农民合作社等农业经营主体，发展产地冷藏保鲜，建设通风贮藏库、机械冷库、气调贮藏库、预冷及配套设施设备等农产品冷藏保鲜设施。面向农产品优势产区、重要集散地和主要销区，完善国家骨干冷链物流基地布局建设，整合优化存量冷链物流资源。围绕服务产地农产品集散和完善销地冷链物流网络，推进产销冷链集配中心建设，加强与国家骨干冷链物流基地间的功能对接和业务联通，打造高效衔接农产品产销的冷链物流通道网络。完善农产品产地批发市场体系。实施县域商业建设行动，完善农村商业体系，改造提升县城连锁商超和物流配送中心，支持有条件的乡镇建设商贸中心，发展新型乡村便利店，扩大农村电商覆盖面。健全县乡村三级物流配送体系，引导利用村内现有设施，建设村级寄递物流综合服务站，发展专业化农产品寄递服务。宣传推广农村物流服务品牌，深化交通运输与邮政快递融合发展，提高农村物流配送效率。

5. 实施数字乡村建设发展工程

推进数字技术与农村生产生活深度融合，持续开展数字乡村试点。加强农村信息基础设施建设，深化农村光纤网络、移动通信网络、数字电视和下一代互联网覆盖，进一步提升农村通信网络质量和覆盖水平。加快建设农业农村遥感卫星等天基设施。建立农业农村大数据体系，推进重要农产品全产业链大数据建设。发展智慧农业，深入实施“互联网+”农产品出村进城工程和“数商兴农”行动，构建智慧农业气象平台。推进乡村管理服务数字化，推进农村集体经济、集体资产、农村产权流转交易数字化管理。推动“互联网+”服务向农村延伸覆盖，推进涉农事项在线办理，加快城乡灾害监测预警信息共享。深入实施“雪亮工程”。深化乡村地名信息服务提升行动。

6. 实施村级综合服务设施提升工程

推进“一站式”便民服务，整合利用现有设施和场地，完善村级综合服务站点，支持党务服务、基本公共服务和公共事业服务就近或线上办理。加强村级综合服务设施建设，进一步提高村级综合服务设施覆盖率。加强农村全民健身场地设施建设。推进公共照明设施与村内道路、公共场所一体规划建设，加强行政村村内主干道路灯建设。加快推进完善革命老区、民族地区、边疆地区、欠发达地区基层应急广播体系。因地制宜建设农村应急避难场所，开展农村公共服务设施无障碍建设和改造。

7. 实施农房质量安全提升工程

推进农村低收入群体等重点对象危房改造和地震高烈度设防地区农房抗震改造，逐步建立健全农村低收入群体住房安全保障长效机制。加强农房周边地质灾害综合治理。深入开展农村房屋安全隐患排查整治，以用作经营的农村自建房为重点，对排查发现存在安全隐患的房屋进行整治。新建农房要避开自然灾害易发地段，顺应地形地貌，不随意切坡填方弃渣，不挖山填湖、不破坏水系、不砍老树，形成自然、紧凑、有序的农房群落。农房建设要满足质量安全和抗震设防要求，推动配置水暖厨卫等设施。因地制宜推广装配式钢结构、木竹结构等安全可靠的新型建造方式。以农村房屋及其配套设施建设为主体，完善农村工程建设项目管理制度，省级统筹建立从用地、规划、建设到使用的一体化管理体制机制，并按照“谁审批、谁监管”的要求，落实安全监管责任。建设农村房屋综合信息管理平台，完善农村房屋建设技术标准和规范。加强历史文化名镇名村、传统村落、传统民居保护与利用，提升防火防震防垮塌能力。保护民族村寨、特色民居、文物古迹、农业遗迹、民俗风貌。

三、提升乡村公共服务水平

1. 完善农村公共服务体系

优化公共教育服务供给，加强寄宿制学校建设，办好必要的乡村小规模学校。实施县域普通高中发展提升行动计划。加强乡镇卫生院和村卫生室服务能力建设，稳步提高乡村医生中具备执业（助理）医师资格的人员比例。持续提升农村传染病防控和应急处置能力。逐步提高县域内医保基金在乡村医疗卫生机构使用的比例，加快将村卫生室纳入医保定点管理。健全农村养老服务体系，因地制宜推进区域性养老服务中心建设，鼓励发展农村老年助餐和互助服务。健全城乡居民基本养老保险"多缴多得、长缴多得"激励机制。加强农村生育支持和婴幼儿照护服务，做好流动儿童、留守儿童、妇女、老年人、残疾人等关心关爱服务。实施产粮大县公共服务能力提升行动。①

2. 提高农村基本公共服务水平

优化区域教育资源配置，提升寄宿制学校办学条件和消防、安全等管理水平，办好必要的乡村小规模学校。全面加强农村义务教育学生营养改善计划管理，确保食品安全和资金规范使用。以人员下沉为重点推进紧密型县域医共体建设，提升中心乡镇卫生院服务能力，推动远程医疗服务体系建设。加强农村传染病防控和应急处置能力建设，深入开展全民健身和爱国卫生运动。健全基本医保参保长效机制，对连续参保和当年零报销的农村居民，提高次年大病保险最高支付限额。逐步提高城乡居民基本养老保险基础养老金。健全县乡村三级养老服务网络，开展县域养老服务体系创新试点，鼓励开展村级互助性养老服务。发展农村婴幼儿照护服务。扩大未成年人救助保护机构覆盖面，提升留守儿童和困境儿童关爱服务质量。加强残疾人保障和康复救助。②

3. 实施农村基本公共服务提升行动

发挥县域内城乡融合发展支撑作用，强化县城综合服务功能，推动服务重心下移、资源下沉，采取固定设施、流动服务等方式，提高农村居民享受公共服务的可及性、便利性。优先规划、持续改善农村义务教育学校基本办学条件，支持建设城乡学校共同体。多渠道增加农村普惠性学前教育资源供给。巩固提升高中阶段教

---

① 中共中央　国务院关于学习运用"千村示范、万村整治"工程经验有力有效推进乡村全面振兴的意见[EB/OL].（2024-02-03）[2025-05-15]. https://www.gov.cn/zhengce/202402/content_6929934.htm.

② 中共中央　国务院关于进一步深化农村改革　扎实推进乡村全面振兴的意见[EB/OL].（2025-02-23）[2025-05-15]. https://www.gov.cn/zhengce/202502/content_7005158.htm.

育普及水平，发展涉农职业教育，建设一批产教融合基地，新建改扩建一批中等职业学校。加强农村职业院校基础能力建设，进一步推进乡村地区继续教育发展。改革完善乡村医疗卫生体系，加快补齐公共卫生服务短板，完善基层公共卫生设施。支持建设紧密型县域医共体。加强乡镇卫生院发热门诊或诊室等设施条件建设，选建一批中心卫生院。持续提升村卫生室标准化建设和健康管理水平，推进村级医疗疾控网络建设。落实乡村医生待遇，保障合理收入，完善培养使用、养老保障等政策。完善养老助残服务设施，支持有条件的农村建立养老助残机构，建设养老助残和未成年人保护服务设施，培育区域性养老助残服务中心。发展农村幸福院等互助性养老，支持卫生院利用现有资源开展农村重度残疾人托养照护服务。推进乡村公益性殡葬服务设施建设和管理。开展县乡村公共服务一体化示范建设。①

① 中共中央办公厅　国务院办公厅印发《乡村建设行动实施方案》[EB/OL].（2022-05-23）[2025-05-15]. https://www.gov.cn/zhengce/2022-05/23/content_5691881.htm.

第三章

美丽乡村的绿色转型

推动乡村全面绿色转型，是建设美丽乡村的重要路径，关乎人与自然和谐共生的中国式现代化建设全局。必须坚持生态优先、保护为主、防治结合、系统治理的方针，通过加强资源的科学保护与高效利用，深化农业面源污染、生活污染、土壤污染等环境问题的精准治理，协同推进山水林田湖草沙一体化保护和系统修复，逐步实现乡村生产空间集约高效、生态空间山清水秀、生活空间宜居舒适的目标，为美丽乡村建设筑牢绿色根基。

第一节　全面推进美丽乡村的绿色转型

一、推进乡村农业绿色发展[①]

实施国家黑土地保护工程，推广保护性耕作模式。健全耕地休耕轮作制度。持续推进化肥农药减量增效，推广农作物病虫害绿色防控产品和技术。加强畜禽粪污资源化利用。全面实施秸秆综合利用和农膜、农药包装物回收行动，加强可降解农膜研发推广。在长江经济带、黄河流域建设一批农业面源污染综合治理示范县。支持国家农业绿色发展先行区建设。加强农产品质量和食品安全监管，发展绿色农产品、有机农产品和地理标志农产品，试行食用农产品达标合格证制度，推进国家农产品质量安全县创建。加强水生生物资源养护，推进以长江为重点的渔政执法能力

① 中共中央　国务院关于全面推进乡村振兴加快农业农村现代化的意见[EB/OL].（2021-02-21）[2025-05-15]. https://www.gov.cn/zhengce/2021-02/21/content_5588098.htm.

建设，确保十年禁渔令有效落实，做好退捕渔民安置保障工作。发展节水农业和旱作农业。推进荒漠化、石漠化、坡耕地水土流失综合治理和土壤污染防治、重点区域地下水保护与超采治理。实施水系连通及农村水系综合整治，强化河湖长制。巩固退耕还林还草成果，完善政策、有序推进。实行林长制。科学开展大规模国土绿化行动。完善草原生态保护补助奖励政策，全面推进草原禁牧轮牧休牧，加强草原鼠害防治，稳步恢复草原生态环境。

二、加快推进农业全面绿色转型

《“十四五”全国农业绿色发展规划》指出，加强农业资源保护利用，提升可持续发展能力；加强农业面源污染防治，提升产地环境保护水平；加强农业生态保护修复，提升生态涵养功能；打造绿色低碳农业产业链，提升农业质量效益和竞争力；健全绿色技术创新体系，强化农业绿色发展科技支撑；健全体制机制，增强农业绿色发展动能。实施农业资源保护利用工程、农业产地环境保护治理工程、农业生态系统保护修复工程、绿色优质农产品供给提升工程 、农业绿色发展科技支撑工程。①

加快推进农业全面绿色转型。全面推行农业用水总量控制和定额管理，开展地下水超采综合治理，深入推进农业水价综合改革。健全耕地轮作休耕制度，加强受污染耕地治理和安全利用。保护重要生物物种和遗传资源，加强农业生物安全管理。健全重要农业资源台账制度。推进农业面源污染综合防治，发展生态循环农业。健全山水林田湖草沙一体化保护和系统治理机制。实施好长江十年禁渔和海洋伏季休渔，推进黄河流域农业深度节水控水。建立农业生态环境保护监测制度。推进生态综合补偿，健全横向生态保护补偿机制，统筹推进生态环境损害赔偿。②

① 农业农村部　国家发展改革委　科技部　自然资源部　生态环境部　国家林草局关于印发《“十四五”全国农业绿色发展规划》的通知[EB/OL].（2021-12-07）[2025-05-15]. http://www.moa.gov.cn/nybgb/2021/202109/202112/t20211207_6384020.htm.

② 中共中央　国务院印发《加快建设农业强国规划（2024—2035年）》[EB/OL].（2025-04-07）[2025-05-15]. https://www.gov.cn/zhengce/202504/content_7017469.htm.

三、加快乡村发展方式绿色转型[①]

1. 加快农业绿色低碳发展

推广绿色生产技术，鼓励测土配方施肥和增施有机肥，降低经济作物化肥施用强度，推进病虫害绿色防控与统防统治融合，发展节水旱作农业。强化农业面源污染防治，发展生态循环农业，推行农业废弃物减量化、资源化、无害化，加强对农业面源污染治理的监测评估。稳步推进农业减排固碳，推广免耕少耕播种技术，降低农业甲烷和畜禽养殖臭气排放，加快老旧农机报废更新和绿色技术装备应用，开展农业减排固碳技术攻关。

2. 改善乡村生态环境

推进耕地草原森林河湖休养生息，完善耕地轮作休耕、草原保护等制度，实行天然林保护与公益林并轨管理，开展重点河湖治理修复。实施重要生态系统保护和修复重大工程，推进“三北”等重点生态工程建设，实施生物多样性保护工程，加强外来物种入侵防控，深入实施长江十年禁渔，加强水生野生动物保护。开展生态环境突出问题治理，推进河湖库“清四乱”，保护和修复小微湿地，推进地下水超采、水土流失、土壤重金属污染防治，建立农村生态环境监测评价制度。

3. 完善生态产品价值实现机制

落实自然资源资产权益，健全调查监测评价体系，开展生态产品总值核算，健全碳排放权、排污权、用水权交易机制。完善生态保护补偿制度，推进生态综合补偿，健全横向生态保护补偿机制，推进生态保护补偿市场化发展。开展乡村生态产品经营开发，打造生态产品区域公用品牌，加大绿色金融支持。

---

① 中共中央　国务院印发《乡村全面振兴规划（2024—2027年）》[EB/OL].（2025-01-22）[2025-05-15]. https://www.gov.cn/zhengce/202501/content_7000493.htm.

第二节　美丽乡村的资源保护

一、加强耕地保护与质量建设[①]

1. 坚守18亿亩耕地红线

落实最严格的耕地保护制度，加强耕地用途管制，实行永久基本农田特殊保护。严禁违规占用耕地和违背自然规律绿化造林、挖湖造景，严格控制非农建设占用耕地，建立健全耕地数量、种粮情况监测预警及评价通报机制，坚决遏制耕地“非农化”、严格管控“非粮化”。改善撂荒地耕种条件，有序推进撂荒地利用。明确耕地利用优先序，永久基本农田重点用于发展粮食生产，特别是保障稻谷、小麦、玉米等谷物种植。强化土地流转用途监管。

2. 推进高标准农田建设

实施新一轮高标准农田建设规划。高标准农田全部上图入库并衔接国土空间规划“一张图”。加大农业水利设施建设力度，因地制宜推进高效节水灌溉建设，支持已建高标准农田改造提升。实施大中型灌区续建配套和现代化改造，在水土资源适宜地区有序新建一批大型灌区。

3. 提升耕地质量水平

实施国家黑土地保护工程，因地制宜推广保护性耕作，提高黑土地耕层厚度和有机质含量。推进耕地保护与质量提升行动，加强南方酸化耕地降酸改良治理和北方盐碱耕地压盐改良治理。加强和改进耕地占补平衡管理，严格新增耕地核实认定和监管，严禁占优补劣、占水田补旱地。健全耕地质量监测监管机制。

---

① 国务院关于印发“十四五”推进农业农村现代化规划的通知[EB/OL].（2022-02-17）[2025-05-15]. http://www.moa.gov.cn/ztzl/nyncxdhxczx/202202/t20220217_6388921.htm.

二、完善水生生物资源养护制度[①]

1. 长江十年禁渔

坚持部际协调、区域联动长效机制，强化考核检查、暗查暗访、通报约谈，压实各方责任。持续做好退捕渔民精准帮扶，鼓励有条件的地区积极吸纳退捕渔民参与资源养护、协助巡护、科普宣传等公益性工作，多措并举促进转产转业，动态跟踪保障长远生计。发挥长江渔政特编船队作用，加强部省共建共管渔政基地建设，常态化开展专项执法行动，强化行政执法和刑事司法衔接，严厉打击各类涉渔违法犯罪行为，确保“禁渔令”得到有效执行。落实《长江生物多样性保护实施方案（2021—2025年）》，健全水生生物资源调查监测体系，实施中华鲟、长江鲟、长江江豚等珍贵濒危物种拯救行动。

2. 坚持并不断完善海洋和内陆重点水域休禁渔制度

坚持总体稳定、区域优化，进一步优化海洋伏季休渔制度，推进统一东海海域不同作业类型休渔时间。根据“有堵有疏、疏堵结合、稳妥有序、严格管理”的原则，稳妥有序地扩大休渔期间专项捕捞许可范围。贯彻落实《中华人民共和国黄河保护法》，严格执行黄河禁渔期制度，推进完善珠江、松花江等水域禁渔期制度。各地要强化监测、摸清底数、科学论证，妥善处理全面禁渔和季节性休禁渔的关系。积极开展休禁渔效果评估，科学开展大水面生态渔业，合理利用渔业资源。

三、强化资源增殖养护措施[②]

1. 科学规范开展增殖放流

各地要加快推进水生生物增殖放流苗种供应基地建设，建立“数量适宜、分布合理、管理规范、动态调整”的增殖放流苗种供应体系。要严格规范社会公众放流行为，建设或确定一批社会放流平台或场所，引导开展定点放流。要定期开展增殖

① 农业农村部关于加强水生生物资源养护的指导意见[EB/OL].（2022-12-05）[2025-05-15]. https://www.gov.cn/zhengce/zhengceku/2022-12/05/content_5730144.htm.

② 农业农村部关于加强水生生物资源养护的指导意见[EB/OL].（2022-12-05）[2025-05-15]. https://www.gov.cn/zhengce/zhengceku/2022-12/05/content_5730144.htm.

放流效果评估，进一步优化放流区域、种类、数量、规格，适当加大珍贵濒危物种放流数量。要加强增殖放流规范管理，强化涉渔工程生态补偿和增殖放流项目的监督检查。禁止放流外来物种、杂交种以及其他不符合生态安全要求的物种。

2. 推进现代化海洋牧场建设

落实国家级海洋牧场示范区建设规划，持续推进国家级海洋牧场示范区创建，到2035年建设国家级海洋牧场示范区350个左右。各地要加强对国家级海洋牧场示范区的检查考核，确保建设进度和建设质量，对不达标的要按程序取消其示范区称号。要积极探索海洋牧场创新发展，分别在黄渤海、东海和南海海域发展以增殖型、养护型和休闲型等为代表的海洋牧场示范点。积极开展海洋牧场渔业碳汇研究，加强效果监测评估。创新海洋牧场管护运营，推动建立多元化投入机制，探索海洋牧场与深远海养殖、旅游观光、休闲垂钓等产业融合发展。

3. 加快推动国内海洋捕捞业转型升级

各地要严格落实海洋渔业资源总量管理制度，各省（区、市）每年海洋捕捞产量不得超过2020年海洋捕捞产量分省控制指标。要积极推进分品种、分区域捕捞限额管理试点，优化捕捞生产作业方式，科学实施减船转产。支持渔船更新改造，逐步淘汰老旧、木质渔船，鼓励建造新材料新能源渔船以及配备节能环保、安全通导、电子监控等设施设备。强化渔获物管理，限制饲料生物捕捞，禁止专门捕捞幼鱼用于养殖投喂和饲料加工，探索实施渔获物可追溯管理。提高捕捞业组织化程度，支持海洋大中型捕捞渔船公司化经营、法人化管理。建立健全休闲垂钓管理制度。加快渔具准用目录制定，推进渔具标识管理，支持废弃渔具回收利用，鼓励可再生渔具生产。

四、加强水生野生动物保护①

1. 加强重点物种及其栖息地保护

各地要加强《国家重点保护野生动物名录》的宣贯，切实落实长江江豚、中华

---

① 农业农村部关于加强水生生物资源养护的指导意见[EB/OL]. （2022-12-05）[2025-05-15]. https://www.gov.cn/zhengce/zhengceku/2022-12/05/content_5730144.htm.

鲟、长江鲟、鼋、中华白海豚、海龟、斑海豹等保护行动计划，加强中国鲎、珊瑚等物种的保护管理，有条件的地方要建立相关物种保护基地。要加强栖息地保护，开展重点珍贵濒危物种资源和栖息地调查，分批划定、公布重要珍贵濒危物种栖息地。强化珍贵濒危物种就地保护，科学合理开展迁地保护，防止濒危物种灭绝。要加强与林草等相关部门的沟通协调，依法履行自然保护地内水生物种保护管理职责。要充分发挥旗舰物种保护联盟作用，集合各方力量和优势，共同促进旗舰物种的保护和恢复。

2. 开展重点物种人工繁育和救护

各地要健全水生野生动物救护网络，建立健全水生野生动物救护场所及设施，对误捕、受伤、搁浅、罚没的水生野生动物及时进行救治、暂养、野化训练和放生。要发挥海洋馆、水族馆等单位的优势，认定一批水生野生动物救护和科普教育基地。要组织开展水生野生动物驯养繁育核心技术攻关，推进长江江豚、海龟、中国鲎、黄唇鱼、珊瑚等重点物种人工繁育技术取得突破，开展大鲵、中华鲟、长江鲟等人工繁育技术成熟物种的野外种群重建。要建立健全人工繁育技术认定和标准体系，有条件的要建设水生野生动物驯养繁殖基地。

3. 强化物种利用特许规范管理

要严格水生野生动物利用特许审批，对捕捉、人工繁育、运输、经营利用、进出口等环节进行规范管理，加快推进水生野生动物标识管理。充分发挥濒危水生野生动植物种科学委员会作用，为人工繁育技术认定、经营利用许可评估、物种鉴别、产品鉴定、价值评估、培训等提供技术支撑。

五、促进资源节约和投入品减量使用①

1. 加强耕地资源保护利用

加强耕地管理　推动健全耕地数量、质量、生态“三位一体”保护制度体系，落实耕地保护和粮食安全责任制考核。

① 农业农村部关于加快农业发展全面绿色转型促进乡村生态振兴的指导意见[EB/OL].（2024-12-30）[2025-05-15]. https://www.gov.cn/zhengce/zhengceku/202412/content_6995343.htm.

提升耕地质量　推进耕地有机质提升，综合采取秸秆还田、畜禽粪肥还田、种植绿肥还田等措施，提高耕地地力和产出能力。深入实施国家黑土地保护工程和东北黑土地保护性耕作行动计划，分区分类开展农田基础设施建设、土壤侵蚀防治、肥沃耕作层培育。开展盐碱地综合利用试点，推进“以种适地”同“以地适种”相结合，探索不同类型盐碱地治理利用模式和技术路径。持续推进受污染耕地安全利用。加快重点区域酸化耕地治理。

严格耕地总量管控和“以补定占”，将各类耕地占用纳入占补平衡统一管理，确保省域内年度耕地总量动态平衡。完善补充耕地质量评价和验收标准。持续整治“大棚房”、侵占耕地“挖湖造景”、乱占耕地建房等问题，坚决遏制破坏耕地违法行为。制定基本农作物目录，建立耕地种植用途监测体系。分类有序做好耕地“非粮化”整改，结合产业发展实际、作物生长周期等设置必要的过渡期。高质量推进高标准农田建设，优化建设内容，完善农民全过程参与项目实施机制，强化工程质量全流程监管。稳步推进盐碱地综合利用试点，加强东北黑土区侵蚀沟、南方酸化退化耕地治理。分类推进撂荒地复垦利用。在确保省域内耕地保护任务不降低的前提下，稳妥有序退出河道内影响行洪安全等的不稳定耕地。加强传统梯田保护。[①]

提高耕地利用效率　根据不同区域资源条件，合理安排种养模式和耕作制度。在长江流域推行稻油、稻稻油轮作种植，开发冬闲田扩种油菜，在东北地区推行粮豆轮作，在黄淮海、西北地区推广小麦、玉米、大豆等作物间作套种。因地制宜发展日光温室、植物工厂、鱼菜共生等立体高效种养模式。盘活利用撂荒地。

2. 促进农业用水节约高效

推进农艺节水　深入推进农业节水增产增效，水浇地大面积推广水肥一体化等高效节水技术，旱耕地组装配套蓄水保墒、集雨节灌、探墒播种等技术措施，提高降水利用效率，选育推广一批节水抗旱新品种。

推进工程节水　加强高标准农田建设，完善田间灌排设施，统筹发展高效节

---

① 中共中央　国务院关于进一步深化农村改革　扎实推进乡村全面振兴的意见[EB/OL].（2025−02−23）[2025−05−15]. https://www.gov.cn/zhengce/202502/content_7005158.htm.

水灌溉，2025—2030年新增高效节水灌溉面积6000万亩左右。

推进管理节水　落实水资源刚性约束制度，发展节水产业，加强非常规水源利用。加快推进农业水价综合改革，引导社会化服务主体开展节水灌溉服务，带动小农户节约农业用水。推进农业节水监测，开展土壤墒情与旱情预测预报、测墒灌溉指导和用水节水效率科学评价。

3. 推进农业投入品减量化

推进化肥控量增效　实施科学施肥增效行动，持续推进测土配方施肥，探索主要农作物氮肥施用定额管理，分区分类型制定施肥指导意见，推广侧深施肥、种肥同播、无人机追肥等高效施肥模式和装备。到2030年，全国三大粮食作物化肥利用率达到43%以上。

推进农药减施增效　实施科学用药增效行动，加快集成推广一批经济实用、简便有效、农民乐于接受的绿色防控、农药减量增效技术模式，扶持发展一批装备精良、管理规范、服务优质的专业化防治组织，大力推进统防统治，并将生物防治、理化诱控、高效低风险农药等绿色防控措施纳入统防统治服务内容，促进绿色防控与统防统治融合发展。到2030年，主要农作物绿色防控覆盖率达到60%以上，三大粮食作物统防统治覆盖率达到50%以上。

推进地膜科学使用　联合有关部门加强地膜生产、销售、使用、回收等环节监管，在适宜区域、适宜作物上推进地膜科学使用，指导地方因地制宜建立健全废旧地膜资源化利用和无害化处置体系。开展高收净率残膜回收机械应用。

推进饲料兽药使用减量增效　深入实施养殖业节粮行动，大力推广低蛋白日粮技术，研发应用绿色高效饲料添加剂，促进饲料粮节约降耗。以生猪、蛋鸡、肉鸡、肉牛等畜禽品种为重点，实施兽用抗菌药使用减量化行动，推广替代产品，严格遵守处方药和休药期制度。到2030年，规模养殖场实施养殖“减抗”行动比例达到65%以上。强化水产苗种疫病监测，开展无规定水生动物疫病苗种场建设，加强水产养殖规范用药科普宣传，推进水产养殖用药减量。

六、促进废弃物资源化利用①

1. 加强畜禽粪肥还田利用

推进源头减量　优化饲料配比、堆肥方式，推广干清粪等实用技术，降低畜禽粪污养分损失。

推动就地就近科学还田　实施畜禽粪污资源化利用整县推进工程，支持畜禽养殖场（户）建设和改造提升粪污处理设施设备，配套完善田间贮存池、输送管网等，集成推广畜禽粪肥还田利用技术模式。深入开展绿色种养循环农业试点，培育一批开展粪肥还田等服务的社会化服务主体，以县为单位构建粪肥还田组织运行模式，形成发展绿色种养循环农业的技术模式、组织方式和长效机制。到2030年，畜禽粪污综合利用率达到85%以上。

2. 加强秸秆综合利用

推进秸秆还田利用　分区域、分作物推广翻埋、碎混、堆沤腐熟等秸秆还田技术模式，建设一批秸秆科学还田样板，加大秸秆生物菌剂、酶制剂等配套产品开发应用。

推动秸秆离田利用　强化秸秆收集、储运、加工、利用等全产业链开发，发展成型燃料、食用菌基质、人造板材等产业，培育一批秸秆收储和利用主体。加快推进秸秆饲料化利用，鼓励专业化生产服务组织收储加工生产饲料产品，提升饲用价值和利用率。

提升管理水平　指导各地建立秸秆资源台账，进一步摸清资源底数。到2030年，秸秆综合利用率保持在88%以上。

3. 加快农村生活有机废弃物综合利用

推进就地消纳　稳步推进农村改厕，协同推进农村生活垃圾、污水治理，推动建立生活有机废弃物回收利用体系，鼓励将易腐垃圾同农村厕所粪污协同处理与资源化利用。

---

① 农业农村部关于加快农业发展全面绿色转型促进乡村生态振兴的指导意见[EB/OL].（2024-12-30）[2025-05-15]. https://www.gov.cn/zhengce/zhengceku/202412/content_6995343.htm.

推进多元处置　城镇周边的村庄，可就近纳入城乡一体化生活垃圾处置体系。人口居住集中的村庄，可通过建设反应器堆沤等设施综合处理。常住人口少、居住分散的村庄，可建设小型堆沤设施，经过无害化处理后就地就近资源化利用。

完善运行机制　引导村集体、农民合作社等参与农村生活有机废弃物综合处置设施运行管理，运用积分制、回收兑换等方式调动农民参与积极性，提高农村生活有机废弃物分类处置和回收能力，推动提升村容村貌。

第三节　美丽乡村环境治理

一、精准治理生活污水①

1. 因地制宜选择治理模式和技术

优先采取资源化利用的治理模式。常住人口较少、居住分散，以及具备适宜环境消纳能力（包括水环境容量、土地消纳能力）的村庄，特别是位于非环境敏感区，或者干旱缺水的村庄，可充分借助农村地理自然条件等，在按照《农村厕所粪污无害化处理与资源化利用指南》等相关规范标准对粪污进行无害化处理的基础上，与农村庭院经济和农业绿色发展相结合，就近就地实现农村生活污水资源化利用。

对距离城镇较近且具备条件的村庄，可采取纳入城镇污水管网（厂）的治理模式。将生活污水直接纳入城镇污水管网进行处理，或建设集中收集贮存系统并将生活污水转运至城镇污水处理厂进行处理。

人口集中或相对集中的村庄，因地制宜采取相对集中式或者集中式的处理模式。农村生活污水处理技术或技术组合的选择，要统筹考虑污水水质水量及其变化特点，以及区域水环境改善需求。其中，不临近重要水体且污染物浓度较低的生活

---

① 关于进一步推进农村生活污水治理的指导意见[EB/OL].（2024-01-23）[2025-05-15]. https://www.gov.cn/zhengce/zhengceku/202401/content_6927636.htm.

污水，可结合环境景观建设，采用人工湿地、土壤渗滤等生态处理技术（自然处理技术），并加强隔油、沉淀等预处理，定期对生态处理系统进行养护；污水水质水量波动较大的村庄，宜采取抗冲击负荷能力较强的处理工艺（如生物膜法），并加强水质水量调节；靠近重要水体的村庄，宜采取污染物去除率更高的处理工艺（如活性污泥法，但进水COD平均浓度较低，特别是低于80毫克/升的，不宜采用）。处理设施设计规模要与农村常住人口及其污水实际产生量相匹配。管网走向、设施建设位置等要充分尊重群众意见，鼓励由设计单位、生态环境部门、建设施工单位、基层乡镇政府、村民代表5方共同进行全面细致摸排后研究确定。

2. 加强农村改厕与农村生活污水治理的有效衔接

鼓励推广有利于粪污资源化利用的改厕技术。确有必要实施水冲式厕所改造的，农村改厕牵头部门要积极推广节水型、少水型水冲设施，减少生活污水产生量。

加强粪污收集利用体系建设。农村改厕牵头部门推动地方明确粪污抽取、转运、贮存的责任主体，确保粪污满了有人掏、有设施处理或利用。没有解决好厕所粪污收集和利用去向问题的，宁可不开工不建设。

统筹农村生活污水治理和厕所革命。计划开展水冲式厕所改造的村庄，具备条件的，与农村污水治理一体化推进、同步设计、同步建设、同步运营。确有必要建设相对集中式或集中式农村生活污水处理设施的村庄，要统筹考虑厕所粪污治理。

3. 强化设施建设和运维质量管理

保障污水收集系统和处理设施建设质量。要以采取集中式或相对集中式处理模式、资源化利用模式治理农村生活污水的村庄为重点，按照相关技术规范标准要求，做好农村生活污水治理相关工程设计、建设，严把材料质量关，采用地方政府主管、第三方监理、群众代表监督等方式，加强施工监管、档案管理和竣工验收。

地方各级生态环境部门要加强对农村生活污水处理设施运行情况的评估。以设计日处理能力100吨及以上农村生活污水处理设施为重点，组织季度巡查，每半年开展一次出水水质监测，督促建成设施正常运行。鼓励探索将设计日处理能力100吨及以上的污水处理设施纳入数字乡村建设，通过电量、流量或视频监控等方式，与地方生态环境部门监管平台联网，进行实时监管。可根据监管能力和实际需要，因地制宜将巡查和水质监测范围扩大到设计日处理能力20吨及以上农村生活污水处理设施。可能危害设施正常运行的其他污水不得排入农村生活污水处理设施。

4. 有序推进农村生活污水处理设施分类整改

地方各级生态环境部门督促相关责任单位建立不正常运行集中式或相对集中式农村生活污水处理设施整改清单，分析原因、制订计划。原则上在列入整改清单后2年内完成整改。

推动分类整改。对缺乏管护和运维资金保障等长效机制的，报地方政府及时建立和完善相关保障制度及措施；对农村生活污水收集系统不完善的，加快配套收集系统建设；对技术工艺不合理的（如工艺过于复杂、运行成本过高、不符合农村实际），要及时优化调整技术路线；对存在已到更新淘汰年限、年久失修、因洪水等自然因素造成污水处理设施及管网损毁等情况的，要及时更新改造；对因村庄污水产生量极低或锐减，或其他原因（如已纳入城镇污水管网/厂治理）等，导致设施无必要运行的，鼓励县（市、区）人民政府制定有关管理办法，依法依规有序退出或根据实际需要将设施（如一体化处理设施）移至其他区域利用；对农民群众使用污水管网不当，造成管网不畅的，要加强宣传指导，提高群众维护身边生态环境的意识。

二、开展农村黑臭水体整治①

1. 明确整治重点

建立农村黑臭水体国家监管清单，优先整治面积较大、群众反映强烈的水体，实行“拉条挂账、逐一销号”，稳步消除较大面积的农村黑臭水体。在农村河流湖塘分布密集地区，进一步核实黑臭水体排查结果，对新发现的黑臭水体及时纳入监管清单，加强动态管理。在治理任务较重、工作基础较好的地区，支持开展农村黑臭水体整治试点。

① 关于印发《农业农村污染治理攻坚战行动方案（2021—2025年）》的通知[EB/OL].（2022-01-29）[2025-05-15]. https://www.mee.gov.cn/xxgk2018/xxgk/xxgk03/202201/t20220129_968575.html.

2. 系统开展整治

针对黑臭水体问题成因，以控源截污为根本，综合采取清淤疏浚、生态修复、水体净化等措施。将农村黑臭水体整治与生活污水、垃圾、种植、养殖等污染统筹治理，将治理对象、目标、时序协同一致，确保治理成效。对垃圾坑、粪污塘、废弃鱼塘等淤积严重的水体进行底泥污染调查评估，采取必要的清淤疏浚措施。对清淤产生的底泥，经无害化处理后，可通过绿化等方式合理利用，禁止随意倾倒。根据水体的集雨、调蓄、纳污、净化、生态、景观等功能，科学选择生态修复措施，对于季节性断流、干涸水体，慎用浮水、沉水植物进行生态修复。对于滞流、缓流水体，采取必要的水系连通和人工增氧等措施。

3. 推动“长治久清”

鼓励河长制和湖长制体系向村级延伸。充分发挥河湖长制平台作用，压实部门责任，实现水体有效治理和管护。对已完成整治的黑臭水体，开展整治过程和效果评估，确保达到水质指标和村民满意度要求。严禁表面治理和虚假治理，禁止简单采用冲污稀释、一填了之等“治标不治本”的做法。将农村黑臭水体排查结果和整治进展通过县级媒体等向社会公开，在所在村公示，鼓励群众积极参与，对排查结果、整治情况进行监督举报。

三、实施化肥农药减量增效行动①

1. 深入推进化肥减量增效

聚焦长江经济带、黄河流域重点区域，明确化肥减量增效技术路径和措施。实施精准施肥，分区域、分作物制定化肥施用限量标准和减量方案，制定水稻、玉米、小麦、油菜等氮肥推荐定额用量，依法落实化肥使用总量控制。大力推进测土配方施肥，优化氮、磷、钾配比，逐步实现在粮食主产区及果菜茶等经济作物优势区的全覆盖。改进施肥方式，推广应用机械施肥、种肥同播、水肥一体化等措施，减少养分挥发和流失，提高肥料利用效率。加强绿色投入品创新研发，积极推广缓

① 关于印发《农业农村污染治理攻坚战行动方案（2021—2025年）》的通知[EB/OL].（2022-01-29）[2025-05-15]. https://www.mee.gov.cn/xxgk2018/xxgk/xxgk03/202201/t20220129_968575.html.

释肥料、水溶肥料、微生物肥料等新型肥料，拓宽畜禽粪肥、秸秆和种植绿肥的还田渠道，在更大范围推进有机肥替代化肥。在旱作区大力发展高效旱作农业，集成配套全生物降解地膜覆盖、长效肥料应用、保水剂混肥底施等措施，减少养分挥发和随雨流失。培育扶持一批专业化服务组织，提供统测、统配、统供、统施“四统一”服务。鼓励以循环利用与生态净化相结合的方式控制种植业污染，农企合作推进测土配方施肥。

2. 持续推进农药减量控害

推进科学用药，推广应用高效低风险农药，分期分批淘汰现存10种高毒农药。推广新型高效植保机械，推进精准施药，提高农药利用效率。创建一批绿色防控示范县，推行统防统治与绿色防控融合，提高防控组织化程度和科学化水平。构建农作物病虫害监测预警体系，建设一批智能化、自动化田间监测网点，提高重大病虫疫情监测预警能力。

四、深入实施农膜回收行动

1. 健全农膜回收网络体系

落实严格的农膜管理制度，加强农膜生产、销售、使用、回收、再利用等环节的全链条监管，持续开展塑料污染治理联合专项行动。全面加强市场监管，禁止企业生产销售不符合国家强制性标准的地膜，依法严厉查处不合格产品。因地制宜调减作物覆膜面积，大力推进废旧农膜机械化捡拾、专业化回收、资源化利用，建立健全回收网络体系，提高废旧农膜回收利用和处置水平。加强农膜回收重点县建设，推动生产者、销售者、使用者落实回收责任，集成推广典型回收模式。推进全生物可降解地膜有序替代，在不同类型区域建设试验示范基地。建立健全农田地膜残留监测点，开展常态化、制度化监测评估。①

2. 农膜回收利用的重点任务

推进地膜覆盖减量化　加快地膜覆盖技术适宜性评估，推进地膜覆盖技术合

① 关于印发《农业农村污染治理攻坚战行动方案（2021—2025年）》的通知[EB/OL].（2022-01-29）[2025-05-15]. https://www.mee.gov.cn/xxgk2018/xxgk/xxgk03/202201/t20220129_968575.html.

理应用，降低地膜覆盖依赖度，减少地膜用量。加强倒茬轮作制度探索，通过粮棉、菜棉轮作，减少地膜覆盖。示范推广一膜多用、行间覆盖等技术。

推进地膜产品标准化　推动地膜新国家标准颁布实施，地膜厚度标准由0.008mm提高到0.01mm，增加拉伸强度、断裂伸长率，从源头保障地膜的可回收性。配合有关部门加强监管，严格地膜标准执行，严禁生产和使用不合格地膜产品。各地推动出台地膜地方标准，推进0.01mm以上加厚地膜应用。

推进地膜捡拾机械化　加快地膜回收机具的推广应用，加大地膜回收机具补贴力度。在有条件的地区，将地膜回收作为生产全程机械化的必需环节，推动组建地膜回收作业专业组织，全面推进机械化回收。加强地膜回收机具研发和技术集成，推动形成区域地膜机械化捡拾综合解决方案。

推进地膜回收专业化　研究制定地膜回收加工的税收、用电等支持政策，扶持从事地膜回收加工的社会化服务组织和企业，推动形成回收加工体系。引导种植大户、农民合作社、龙头企业等新型经营主体开展地膜回收，推动地膜回收与地膜使用成本联动，推进农业清洁生产。①

五、加强养殖业污染防治②

1. 推行畜禽粪污资源化利用

完善畜禽粪污资源化利用管理制度，依法合理施用畜禽粪肥。推动畜禽规模养殖场粪污处理设施装备提档升级，规范畜禽养殖户粪污处理设施装备配套，开展设施装备配套情况核查。整县推进畜禽粪污资源化利用，改造提升粪污处理设施，建设粪肥还田利用示范基地，推进种养结合，畅通粪肥还田渠道。建立畜禽规模养殖场碳排放核算、报告、核查等标准，探索制定重点畜产品全生命周期碳足迹标准，引导畜禽养殖环节温室气体减排。完善畜禽粪肥限量标准，指导各地安全合理施用

① 农业部关于印发《农膜回收行动方案》的通知[EB/OL]. （2022-01-29）[2025-05-15]. http://www.moa.gov.cn/nybgb/2017/dlq/201712/t20171231_6133712.htm.

② 关于印发《农业农村污染治理攻坚战行动方案（2021—2025年）》的通知[EB/OL].（2022-01-29）[2025-05-15]. https://www.mee.gov.cn/xxgk2018/xxgk/xxgk03/202201/t20220129_968575.html.

粪肥。到2025年，畜禽规模养殖场建立粪污资源化利用计划和台账，粪污处理设施装备配套率稳定在97%以上，畜禽养殖户粪污处理设施装备配套水平明显提升。

2. 严格畜禽养殖污染防治监管

组织各地依法编制实施畜禽养殖污染防治规划。推动各省（区、市）根据畜禽养殖发展情况和生态环境保护需要，制修订畜禽养殖污染物地方排放标准。严格落实环境影响评价与排污许可制度，依法开展环境影响评价，监督指导畜禽规模养殖场依法持证排污、按证排污或者进行排污登记，遵守排污许可证管理规定。结合养殖场直联直报信息和全国排污许可证管理信息平台，对畜禽粪污资源化利用计划、台账和排污许可证执行报告进行抽查。加大环境监管执法力度，依法查处无证排污、不按证排污、污染防治设施配套不到位以及粪肥超量施用污染环境等环境违法行为。

3. 推动水产养殖污染防治

养殖大省要依法加快制定出台水产养殖业水污染物排放控制标准，加强水产养殖尾水监测，规范工厂化水产养殖尾水排污口设置。以珠三角、长江流域、黄渤海等区域为重点，依法加大环境监管执法检查力度。大力发展水产生态健康养殖，积极推广池塘工厂化循环水、大水面生态增养殖、稻渔综合种养等多种生态健康养殖模式。实施池塘标准化改造，完善循环水和进排水处理设施，推进养殖尾水节水减排。

六、推进土壤污染防治[①]

以湖南等耕地重金属污染突出省份为重点，强化镉等重金属污 染源头管控，巩固提升受污染耕地安全利用水平；以用途变更为“一住两公”（住宅、公共管理与公共服务用地）的地块为重点，严格准入管理，坚决杜绝违规开发利用；以土壤污染重点监管单位为重点，强化监管执法，防止新增土壤污染。

加强耕地污染源头控制　严格控制涉重金属行业企业污染物排放，整治涉重

① 关于印发“十四五”土壤、地下水和农村生态环境保护规划的通知[EB/OL].（2022-01-04）[2025-05-15]. https://www.gov.cn/zhengce/zhengceku/2022-01/04/content_5666421.htm.

金属矿区历史遗留固体废物，开展耕地土壤重金属污染成因排查。

防范工矿企业新增土壤污染　严格建设项目土壤环境影响评价制度，强化重点监管单位监管，推动实施绿色化改造。

深入实施耕地分类管理　切实加大保护力度，全面落实安全利用和严格管控措施，动态调整耕地土壤环境质量类别。

严格建设用地准入管理　开展土壤污染状况调查评估，因地制宜严格污染地块用地准入，优化土地开发和使用时序，强化部门信息共享和联动监管。

有序推进建设用地土壤污染风险管控与修复　明确风险管控与修复重点，强化风险管控与修复活动监管，加强从业单位和个人信用管理。

开展土壤污染防治试点示范　开展一批耕地安全利用重点县建设，继续推进土壤污染防治先行区建设。

七、统筹农业面源污染防治①

1. 深入推进农业面源污染防治

推进重点区域农业面源污染防治　根据农业污染源类型分布、地理气候条件、环境质量状况等，确定农业面源污染优先治理区域。优化农业生产空间布局，按照土壤、水和海洋生态环境保护要求，分区分类采取治理措施。在种植业面源污染突出区域，实施化肥农药减量增效行动，优化生产布局，推进“源头减量—循环利用—过程拦截—末端治理”工程，深入实施秸秆综合利用行动，以肥料化、饲料化、燃料化利用为主攻方向，建立一批秸秆综合利用重点县，打造产业化利用典型模式。持续推进农膜回收行动，以标准地膜应用、专业化回收、资源化利用为重点，强化农膜回收利用示范县建设，健全回收网络体系，试点农膜区域性绿色补偿制度，加快可降解农膜应用示范，着力解决农田“白色污染”问题。在养殖业面源污染突出区域，基于土地消纳粪污能力，合理确定养殖规模，促进畜禽粪污还田利用，推动种养循环，改善土壤地力。

① 关于印发《农业面源污染治理与监督指导实施方案（试行）》的通知[EB/OL].（2021-03-26）[2025-05-15]. https://www.gov.cn/zhengce/zhengceku/2021-03/26/content_5595893.htm.

建立农业面源污染防治技术库　按照全要素治理、菜单式遴选的原则，以种植、规模以下畜禽养殖、水产养殖等污染防治为重点，根据污染类型和主要成因，分区分类建立农业面源污染防治技术库。总结试点示范成果和各地经验做法，形成一批农业面源污染治理模式，由点及面，逐步形成产业化、规模化效应。

2. 完善农业面源污染防治政策机制

健全法律法规制度　制修订肥料管理等对农业面源污染有重大影响的法律法规。加强化肥农药生产经营管理和使用指导，推动精准施肥、科学用药。以省为单位加强畜禽散养密集区污染治理，明确规模以下畜禽养殖场户污染治理要求和责任，鼓励对畜禽粪污进行无害化处理，达到肥料化利用有关要求后，进行还田利用。规范突发环境事件应急管理工作，防止在处理事故过程中，将废水、废液、固体废弃物直接排入农田。

完善标准体系　适时评估并完善农业面源污染防治与监督监测相关标准。指导各地制定种植业污染治理、水产养殖尾水排放等标准规范。以促进畜禽粪污资源化利用为导向，健全畜禽养殖污染治理标准体系，加强养殖场户环境监督管理。农田灌溉用水、水产养殖用水、畜禽粪污肥料化利用应执行相应标准，防止污染土壤、地下水和农产品。

优化经济政策　完善农业面源污染防治设施用电用地政策，落实有机肥产品生产销售、化肥农药减量、有机肥替代化肥等补贴和税收减免政策。对开展畜禽粪肥运输、施用等社会化服务组织，按规定予以支持。优先将畜禽、水产养殖、秸秆农膜等废弃物处理和资源化利用装备等支持农业绿色发展的机具列入农机购置补贴目录。探索开展“点源—面源”排污交易试点。

建立多元共治模式　在重点区域以省为单位，编制农业面源污染防治实施方案，制定污染防治目标任务，明确监督指导和保障措施。发展农资绿色配售，推动农资经销商成为污染防治的重要主体和信息传导枢纽，引导农户使用绿色高效的肥料农药。通过向社会购买服务等方式，推进农业面源污染治理市场化。充分发挥农业社会化服务机构、农民合作经济组织作用，推广“政府＋协会＋农户”“龙头企业＋协会＋农户”等模式，加强专业技术管理。推动统一生产管理、统一订购农资、实施品牌认证等标准化生产，形成“政府—市场—农户”多元共管共治体系。

3. 加强农业面源污染治理监督管理

开展农业污染源调查监测　完善化肥农药使用量调查核算方法，在统计、农业农村、市场监督管理等部门工作基础上，逐步摸清化肥农药使用变化情况。利用实地调研、台账抽查、智能终端采集等方式，对化肥农药投入、畜禽和水产养殖等污染物排放情况进行抽查核实。加密布设农业面源污染监控点，重点在大中型灌区、有污水灌溉历史的典型灌区进行农田灌溉用水和出水水质长期监测，掌握农业面源污染物产生和排放情况。开展畜禽粪肥还田利用全链条监测，分析评估养分和有害物质转化规律。

评估农业面源污染环境影响　制定农业面源污染环境监测技术规范，加强农业污染源、入水体污染物浓度与流量监测、受纳水体水质和流量监测，构建全国农业面源污染环境监测“一张网”。在重点区域，基于全国地表水环境质量监测网，结合农村环境质量监测，采用更新改造、共建共享和新建相结合的方式，增加环境监测布点，加强暴雨、汛期等重点时段水质监测。开展农业污染物入水体负荷核算评估，确定监管的重点行业、重点地区和重要时段。

加强农业面源污染长期观测　在嘉陵江、汾河、太湖、巢湖、南四湖、洱海、白洋淀、丹江口库区、密云水库等重点水域先行先试，建设农业生态环境野外观测超级站，开展气象、水文、水质、土壤和地下水等野外长期观测和定量分析，结合遥感技术，掌握农业面源污染时空演变规律，逐步实现对农业面源污染环境质量影响的动态评估。加强国家农业科学观测实验站建设，对农业生产要素及其动态变化进行系统观测、监测和记录，为农业面源污染治理提供基础支撑。

建设农业面源污染监管平台　系统整合农田氮磷流失监测、地表水生态环境质量监测、农村环境质量监测等数据，实现从污染源头到生态环境的监测数据互联互通。加强全国农业源普查、生态环境统计、畜禽粪污综合利用信息、全国排污许可管理平台等工作对接共享。借助互联网、物联网等技术，拓宽数据获取渠道，实现动态更新。发挥农业面源污染大数据在指导污染防治、控制温室气体排放、优化城乡规划、土地利用和推动农业绿色发展中的作用。

八、加强农村饮用水水源地环境保护

完成乡镇级集中式饮用水水源保护区划定，规范设立保护区标志，必要时采取隔离防护措施。实施饮用水水源、供水单位供水和用户水龙头水质状况监测评估，并由县级以上地方人民政府有关部门依法向社会公开饮用水安全状况信息。[①]

第四节　保护修复美丽乡村的生态系统

一、加强重点流域生态保护[②]

1. 推动长江流域农业生态修复

坚定不移推进长江十年禁渔，全面落实退捕渔民安置保障政策，加强动态监测，强化就业帮扶和兜底保障。持续开展常态化联合执法监管，及时清理涉渔“三无”船舶等风险隐患，严厉打击各类非法捕捞行为。实施长江生物多样性保护工程，开展禁渔效果评估和水生生物完整性指数评价，落实以长江流域为重点的珍稀濒危物种拯救行动计划，加快修复水生生物重要栖息地。

2. 加强黄河流域农业生态保护

推动黄河流域生态保护和高质量发展，严格落实以水定地、以水定产，统筹开展地下水超采综合治理，推进黄河流域深度节水控水。改造提升黄土高原淤地坝建设，推进水土流失治理模式创新。落实黄河休禁渔制度，加强黄河流域水生生物资源养护。

---

① 关于印发“十四五”土壤、地下水和农村生态环境保护规划的通知[EB/OL].（2022-01-04）[2025-05-15]. https://www.gov.cn/zhengce/zhengceku/2022-01/04/content_5666421.htm.

② 农业农村部关于加快农业发展全面绿色转型促进乡村生态振兴的指导意见[EB/OL].（2024-12-30）[2025-05-15]. https://www.gov.cn/zhengce/zhengceku/202412/content_6995343.htm.

二、开发和提升农业生态价值

1. 开发农业生态价值

落实2030年前力争实现碳达峰的要求，推动农业固碳减排，强化森林、草原、农田、土壤固碳功能，研发种养业生产过程温室气体减排技术，开发工厂化农业、农渔机械、屠宰加工及储存运输节能设备，创新农业废弃物资源化、能源化利用技术体系，开展减排固碳能源替代示范，提升农业生产适应气候变化能力。在严格保护生态环境的前提下，挖掘自然风貌、人文环境、乡土文化等价值，开发休闲观光、农事体验、生态康养等多种功能。实施优秀农耕文化保护与传承示范工程，发掘农业文化遗产价值，保护传统村落、传统民居。①

2. 提升农业生态价值

推动农业节能降碳，研发种养业生产过程温室气体减排技术，开发工厂化农业、新能源农机、农产品初加工及储存运输节能设备，创新农业废弃物资源化、能源化利用技术体系，提升农业生产适应气候变化能力。发展沼气、生物天然气，推进秸秆、畜禽粪污等农业废弃物高值化利用。稳妥推进农村清洁能源替代，推广农村生物质能、太阳能等绿色用能模式。构建以旗舰物种为重点的保护管理体系，全面加强水生野生动植物保护管理工作。完善农业外来入侵物种监测预警体系，严控外来物种入侵风险。②

三、健全草原森林河流湖泊保护修复制度

完善草原生态保护补助奖励政策，全面推进草原禁牧休牧轮牧，强化草原生物灾害防治，稳步恢复草原生态环境。实行林长制，制定绿化造林等生态建设目标，巩固退耕还林还草、退田还湖还湿成果，推进荒漠化、石漠化、水土流失综合治

---

① 农业农村部　国家发展改革委　科技部　自然资源部　生态环境部　国家林草局关于印发《“十四五”全国农业绿色发展规划》的通知[EB/OL].（2021-12-07）[2025-05-15]. http://www.moa.gov.cn/nybgb/2021/202109/202112/t20211207_6384020.htm.

② 农业农村部关于加快农业发展全面绿色转型促进乡村生态振兴的指导意见[EB/OL].（2024-12-30）[2025-05-15]. https://www.gov.cn/zhengce/zhengceku/202412/content_6995343.htm.

理。建设田园生态系统，完善农田生态廊道，营造复合型、生态型农田林网。强化河湖长制，加强大江大河和重要湖泊湿地生态保护治理。以县域为单元，推进水系连通和农村水系综合整治，建设一批水美乡村。①

四、保护修复农业生态系统②

1. 建设田园生态系统

建设农田生态廊道 营造复合型、生态型农田林网，恢复田间生物群落和生态链，增加农田生物多样性。

发挥稻田生态涵养功能 稳定水稻种植面积，在大城市周边建设一批稻田人工湿地，推广稻渔生态种养模式。

优化乡村功能 合理布局种植、养殖、居住等，推进河湖水系连通和生态修复，增加湿地、堰塘等生态水量，增强田园生态系统的稳定性和可持续性。

2. 保护修复森林草原生态

加强林草生态系统修复 开展大规模国土绿化行动，持续加强林草生态系统修复，增加林草资源总量，提高林草资源质量，加强农田防护林保护。

修复重要生态系统 宜乔则乔、宜灌则灌、宜草则草，因地制宜、规范有序推进青藏高原生态屏障区、黄河重点生态区等重点区域生态保护和修复重大工程建设。

坚持基本草原保护制度 完善草原家庭承包责任制度，加快建立全民所有草原资源有偿使用和所有权委托代理制度。对严重退化、沙化、盐碱化的草原和生态脆弱区的草原实行禁牧，对禁牧区以外的草原实行季节性休牧，因地制宜开展划区轮牧，促进草畜平衡。

---

① 国务院关于印发“十四五”推进农业农村现代化规划的通知[EB/OL].（2022-02-17）[2025-05-15]. http://www.moa.gov.cn/ztzl/nyncxdhxczx/202202/t20220217_6388921.htm.

② 农业农村部 国家发展改革委 科技部 自然资源部 生态环境部 国家林草局关于印发《“十四五”全国农业绿色发展规划》的通知[EB/OL].（2021-12-07）[2025-05-15]. http://www.moa.gov.cn/nybgb/2021/202109/202112/t20211207_6384020.htm.

第四章

美丽乡村的产业振兴

产业是乡村振兴的根基，是美丽乡村建设的关键支撑。随着城乡融合发展不断深化，乡村产业正从传统农业向多元化、特色化、现代化方向转型升级。美丽乡村建设必须立足乡村资源禀赋和发展实际，拓展乡村特色产业、提升农产品加工业、优化乡村休闲旅游业、发展乡村新型服务业、推进农业产业化和农村产业融合发展、推进农村创新创业，通过产业振兴激活乡村经济内生动力，促进农业增效、农民增收、农村繁荣。

第一节　拓展乡村特色产业

一、构建全产业链

以拓展二三产业为重点，延伸产业链条，开发特色化、多样化产品，提升乡村特色产业的附加值，促进农业多环节增效、农民多渠道增收。[①]

以特色资源增强竞争力　根据消费结构升级的新变化，开发特殊地域、特殊品种等专属性特色产品，以特性和品质赢得市场。发展特色种养，根据种质资源、地理成分、物候特点等独特资源禀赋，在最适宜的地区培植最适宜的产业。开发特色食品，重点开发乡土卤制品、酱制品、豆制品、腊味、民族特色奶制品等传统食品。开发适宜特殊人群的功能性食品。传承特色技艺，改造提升蜡染、编织、剪

① 农业农村部关于印发《全国乡村产业发展规划（2020—2025年）》的通知[EB/OL].（2020-07-16）[2025-05-15]. http://www.moa.gov.cn/xw/bmdt/202007/t20200716_6348795.htm.

纸、刺绣、陶艺等传统工艺。弘扬特色文化，发展乡村戏剧曲艺、杂技杂耍等文化产业。

以加工流通延伸产业链 做强产品加工，鼓励大型龙头企业建设标准化、清洁化、智能化加工厂，引导农户、家庭农场建设一批家庭工场、手工作坊、乡村车间，用标准化技术改造提升豆制品、民族特色奶制品、腊肉腊肠、火腿、剪纸、刺绣、蜡染、编织、制陶等乡土产品。做活商贸物流，鼓励地方在特色农产品优势区布局产地批发市场、物流配送中心、商品采购中心、大型特产超市，支持新型经营主体、农产品批发市场等建设产地仓储保鲜设施，发展网上商店、连锁门店。

以信息技术打造供应链 对接终端市场，以市场需求为导向，促进农户生产、企业加工、客户营销和终端消费连成一体、协同运作，增强供给侧对需求侧的适应性和灵活性。实施“互联网+”农产品出村进城工程，完善适应农产品网络销售的供应链体系、运营服务体系和支撑保障体系。创新营销模式，健全绿色智能农产品供应链，培育农商直供、直播直销、会员制、个人定制等模式，推进农商互联、产销衔接，再造业务流程、降低交易成本。

以业态丰富提升价值链 提升品质价值，推进品种和技术创新，提升特色产品的内在品质和外在品相，以品质赢得市场、实现增值。提升生态价值，开发绿色生态、养生保健等新功能新价值，增强对消费者的吸附力。提升人文价值，更多融入科技、人文元素，发掘民俗风情、历史传说和民间戏剧等文化价值，赋予乡土特色产品文化标识。

《关于促进乡村产业振兴的指导意见》提出，突出优势特色，培育壮大乡村产业。做强现代种养业，做精乡土特色产业，提升农产品加工流通业，优化乡村休闲旅游业，培育乡村新型服务业，发展乡村信息产业。[①]

《“十四五”全国农业绿色发展规划》提出，打造绿色低碳农业产业链，提升农业质量效益和竞争力。通过推进农产品加工业绿色转型、建立健全绿色流通体系、促进绿色农产品消费，构建农业绿色供应链；通过促进产业融合发展、推动低

① 国务院关于促进乡村产业振兴的指导意见[EB/OL]. （2019-06-28）[2025-05-15]. https://www.gov.cn/zhengce/content/2019-06/28/content_5404170.htm.

碳循环发展，推进产业集聚循环发展。①

《关于加快农业发展全面绿色转型促进乡村生态振兴的指导意见》提出，促进全产业链绿色低碳转型。通过推进绿色循环技术采用、推进种养结合、推进粮草兼顾、推进稻渔综合种养、推进生产生活有机联结循环，推行绿色循环农业；通过促进加工减损增值、促进流通降本增效、促进质量安全水平提升，发展绿色低碳农业产业链。②

《加快建设农业强国规划（2024—2035年）》提出，全链条推进农业产业体系升级。推动农产品加工流通优化升级，推动农业优质化品牌化提升，加快发展乡村特色产业，促进乡村产业融合发展。③

《关于进一步深化农村改革 扎实推进乡村全面振兴的意见》提出，发展乡村特色产业。大力发展绿色、特色农产品种养，推进农产品加工业转型升级，实施农业品牌精品培育计划，打造特色农业产业集群，提升农业产业化水平。深入实施农村产业融合发展项目，培育乡村新产业新业态。推进乡村文化和旅游深度融合，开展文化产业赋能乡村振兴试点，提升乡村旅游特色化、精品化、规范化水平。加快构建农产品和农资现代流通网络，支持各类主体协同共建供应链。推动农村电商高质量发展。④

二、推进产业聚集发展

集聚资源、集中力量，建设富有特色、规模适中、带动力强的特色产业集聚区。打造“一县一业”、“多县一带”，在更大范围、更高层次上培育产业集群，形

---

① 农业农村部 国家发展改革委 科技部 自然资源部 生态环境部 国家林草局关于印发《“十四五”全国农业绿色发展规划》的通知[EB/OL].（2021-12-07）[2025-05-15]. http://www.moa.gov.cn/nybgb/2021/202109/202112/t20211207_6384020.htm.

② 农业农村部关于加快农业发展全面绿色转型促进乡村生态振兴的指导意见[EB/OL].（2024-12-30）[2025-05-15]. https://www.gov.cn/zhengce/zhengceku/202412/content_6995343.htm.

③ 中共中央 国务院印发《加快建设农业强国规划（2024—2035年）》[EB/OL].（2025-04-07）[2025-05-15]. https://www.gov.cn/zhengce/202504/content_7017469.htm.

④ 中共中央 国务院关于进一步深化农村改革 扎实推进乡村全面振兴的意见[EB/OL].（2025-02-23）[2025-05-15]. https://www.gov.cn/zhengce/202502/content_7005158.htm.

成“一村一品”微型经济圈、农业产业强镇小型经济圈、现代农业产业园中型经济圈、优势特色产业集群大型经济圈，构建乡村产业“圈”状发展格局。①

建设“一村一品”示范村镇　依托资源优势，选择主导产业，建设一批“小而精、特而美”的“一村一品”示范村镇，形成一村带数村、多村连成片的发展格局。用3—5年的时间，培育一批产值超1亿元的特色产业专业村。

建设农业产业强镇　根据特色资源优势，聚焦1—2个主导产业，吸引资本聚镇、能人入镇、技术进镇，建设一批标准原料基地、集约加工转化、区域主导产业、紧密利益联结于一体的农业产业强镇。用3—5年的时间，培育一批产值超10亿元的农业产业强镇。

提升现代农业产业园　通过科技集成、主体集合、产业集群，统筹布局生产、加工、物流、研发、示范、服务等功能，延长产业链，提升价值链，促进产业格局由分散向集中、发展方式由粗放向集约、产业链条由单一向复合转变，发挥要素集聚和融合平台作用，支撑“一县一业”发展。用3—5年的时间，培育一批产值超100亿元的现代农业产业园。

建设优势特色产业集群　依托资源优势和产业基础，突出串珠成线、连块成带、集群成链，培育品种品质优良、规模体量较大、融合程度较深的区域性优势特色农业产业集群。用3—5年的时间，培育一批产值超1000亿元的骨干优势特色产业集群，培育一批产值超100亿元的优势特色产业集群。

《“十四五”推进农业农村现代化规划的通知》提出，通过健全乡村产业体系、推进县镇村联动发展，优化乡村产业布局；通过建设现代农业产业园区和农业现代化示范区、提升农村产业融合发展水平，推进乡村产业园区化融合化发展。②

---

① 农业农村部关于印发《全国乡村产业发展规划（2020—2025年）》的通知[EB/OL].（2020-07-16）[2025-05-15]. http://www.moa.gov.cn/xw/bmdt/202007/t20200716_6348795.htm.

② 国务院关于印发“十四五”推进农业农村现代化规划的通知[EB/OL].（2022-02-17）[2025-05-15]. http://www.moa.gov.cn/ztzl/nyncxdhxczx/202202/t20220217_6388921.htm.

三、培育知名品牌

按照“有标采标、无标创标、全程贯标”要求，以质量信誉为基础，创响一批乡村特色知名品牌，扩大市场影响力。①

培育区域公用品牌　根据特定自然生态环境、历史人文因素，明确生产地域范围，强化品种品质管理，保护地理标志农产品，开发地域特色突出、功能属性独特的区域公用品牌。规范品牌授权管理，加大品牌营销推介，提高区域公用品牌影响力和带动力。

培育企业品牌　引导农业产业化龙头企业、农民合作社、家庭农场等新型经营主体将经营理念、企业文化和价值观念等注入品牌，实施农产品质量安全追溯管理，加强责任主体逆向溯源、产品流向正向追踪，推动部省农产品质量安全追溯平台对接、信息共享。

培育产品品牌　传承乡村文化根脉，挖掘一批以手工制作为主、技艺精湛、工艺独特的瓦匠、篾匠、铜匠、铁匠、剪纸工、绣娘、陶艺师、面点师等能工巧匠，创响一批“珍稀牌”“工艺牌”“文化牌”的乡土品牌。

《关于加快推进品牌强农的意见》提出，筑牢品牌发展基础，构建农业品牌体系，完善品牌发展机制，挖掘品牌文化内涵，提升品牌营销能力。②

《“十四五”全国农业绿色发展规划》提出，推进农业品牌建设。构建农业品牌体系，完善品牌发展机制，开展品牌宣传推介活动。③

---

① 农业农村部关于印发《全国乡村产业发展规划（2020—2025年）》的通知[EB/OL].（2020-07-16）[2025-05-15]. http://www.moa.gov.cn/xw/bmdt/202007/t20200716_6348795.htm.

② 农业农村部关于加快推进品牌强农的意见[EB/OL].（2018-06-29）[2025-05-15]. http://www.moa.gov.cn/xw/bmdt/201806/t20180629_6153371.htm.

③ 农业农村部　国家发展改革委　科技部　自然资源部　生态环境部　国家林草局关于印发《“十四五”全国农业绿色发展规划》的通知[EB/OL].（2021-12-07）[2025-05-15]. http://www.moa.gov.cn/nybgb/2021/202109/202112/t20211207_6384020.htm.

四、深入推进产业扶贫

贫困地区发展特色产业是脱贫攻坚的根本出路。促进脱贫攻坚与乡村振兴有机衔接，发展特色产业，促进农民增收致富，巩固脱贫攻坚成果。[①]

推进资源与企业对接　发掘贫困地区优势特色资源，引导资金、技术、人才、信息向贫困地区的特色优势区聚集，特别是要引导农业产业化龙头企业与贫困地区合作创建绿色优质农产品原料基地，布局加工产能，深度开发特色资源，带动农民共建链条、共享品牌，让农民在发展特色产业中稳定就业、持续增收。

推进产品与市场对接　引导贫困地区与产地批发市场、物流配送中心、商品采购中心、大型特产超市、电商平台对接，支持贫困地区组织特色产品参加各类展示展销会，扩大产品影响，让贫困地区的特色产品走出山区、进入城市、拓展市场。深入开展消费扶贫，拓展贫困地区产品流通和销售渠道。

《关于大力发展休闲农业的指导意见》提出，推动产业扶贫。对资源禀赋有优势的贫困地区，重点实施建档立卡贫困村“一村一品”产业推进行动，带动贫困地区传统种养产业转型升级，促进贫困地区脱贫致富。[②]

第二节　提升农产品加工业水平

一、完善产业结构

统筹发展农产品初加工、精深加工和综合利用加工，推进农产品多元化开发、

① 农业农村部关于印发《全国乡村产业发展规划（2020—2025年）》的通知[EB/OL].（2020-07-16）[2025-05-15]. http://www.moa.gov.cn/xw/bmdt/202007/t20200716_6348795.htm.

② 关于大力发展休闲农业的指导意见[EB/OL].（2016-09-02）[2025-05-15]. http://www.moa.gov.cn/gk/tzgg_1/tz/201609/t20160902_5262939.htm.

多层次利用、多环节增值。[①]

拓展农产品初加工　鼓励和支持农民合作社、家庭农场和中小微企业等发展农产品产地初加工，减少产后损失，延长供应时间，提高质量效益。果蔬、奶类、畜禽及水产品等鲜活农产品，重点发展预冷、保鲜、冷冻、清洗、分级、分割、包装等仓储设施和商品化处理，实现减损增效。粮食等耐储农产品，重点发展烘干、储藏、脱壳、去杂、磨制等初加工，实现保值增值。食用类初级农产品，重点发展发酵、压榨、灌制、炸制、干制、腌制、熟制等初加工，满足市场多样化需求。棉麻丝、木竹藤棕草等非食用类农产品，重点发展整理、切割、粉碎、打磨、烘干、拉丝、编织等初加工，开发多种用途。

提升农产品精深加工　引导大型农业企业加快生物、工程、环保、信息等技术集成应用，促进农产品多次加工，实现多次增值。发展精细加工，推进新型非热加工、新型杀菌、高效分离、清洁生产、智能控制、形态识别、自动分选等技术升级，利用专用原料，配套专用设备，研制专用配方，开发类别多样、营养健康、方便快捷的系列化产品。推进深度开发，创新超临界萃取、超微粉碎、生物发酵、蛋白质改性等技术，提取营养因子、功能成分和活性物质，开发系列化的加工制品。

推进综合利用加工　鼓励大型农业企业和农产品加工园区推进加工副产物循环利用、全值利用、梯次利用，实现变废为宝、化害为利。采取先进的提取、分离与制备技术，推进稻壳米糠、麦麸、油料饼粕、果蔬皮渣、畜禽皮毛骨血、水产品皮骨内脏等副产物综合利用，开发新能源、新材料等新产品，提升增值空间。

《关于深入推进农业供给侧结构性改革 加快培育农业农村发展新动能的若干意见》提出，优化产品产业结构，着力推进农业提质增效。统筹调整粮经饲种植结构，发展规模高效养殖业，做大做强优势特色产业，进一步优化农业区域布局，全面提升农产品质量和食品安全水平，积极发展适度规模经营，建设现代农业产业

① 农业农村部关于印发《全国乡村产业发展规划（2020—2025年）》的通知[EB/OL].（2020-07-16）[2025-05-15]. http://www.moa.gov.cn/xw/bmdt/202007/t20200716_6348795.htm.

园，创造良好农产品国际贸易环境。[①]

二、优化空间布局

按照“粮头食尾”“农头工尾”要求，统筹产地、销区和园区布局，形成生产与加工、产品与市场、企业与农户协调发展的格局。[②]

推进农产品加工向产地下沉　向优势区域聚集，引导大型农业企业重心下沉，在粮食生产功能区、重要农产品保护区、特色农产品优势区和水产品主产区，建设加工专用原料基地，布局加工产能，改变加工在城市、原料在乡村的状况。向中心镇（乡）和物流节点聚集，在农业产业强镇、商贸集镇和物流节点布局劳动密集型加工业，促进农产品就地增值，带动农民就近就业，促进产镇融合。向重点专业村聚集，依托工贸村、“一村一品”示范村发展小众类的农产品初加工，促进产村融合。

推进农产品加工与销区对接　丰富加工产品，在产区和大中城市郊区布局中央厨房、主食加工、休闲食品、方便食品、净菜加工和餐饮外卖等加工，满足城市多样化、便捷化需求。培育加工业态，发展“中央厨房+冷链配送+物流终端”“中央厨房+快餐门店”“健康数据+营养配餐+私人订制”等新型加工业态。

推进农产品加工向园区集中　推进政策集成、要素集聚、企业集中、功能集合，发展“外地经济”模式，建设一批产加销贯通、贸工农一体、一二三产业融合发展的农产品加工园区，培育乡村产业“增长极”。提升农产品加工园，强化科技研发、融资担保、检验检测等服务，完善仓储物流、供能供热、废污处理等设施，促进农产品加工企业聚集发展。在农牧渔业大县（市），每县（市）建设一个农产品加工园。不具备建设农产品加工园条件的县（市），可采取合作方式在异地共同建设农产品加工园。建设国际农产品加工产业园，选择区位优势明显、产业基础

① 中共中央　国务院关于深入推进农业供给侧结构性改革　加快培育农业农村发展新动能的若干意见[EB/OL].（2017-02-05）[2025-05-15]. https://www.gov.cn/zhengce/2017-02/05/content_5165626.htm.

② 农业农村部关于印发《全国乡村产业发展规划（2020—2025年）》的通知[EB/OL].（2020-07-16）[2025-05-15]. http://www.moa.gov.cn/xw/bmdt/202007/t20200716_6348795.htm.

好、带动作用强的地区，建设一批国际农产品加工产业园，对接国际市场，参与国际产业分工。

《关于促进乡村产业振兴的指导意见》提出，科学合理布局，优化乡村产业空间结构。强化县域统筹，推进镇域产业聚集，促进镇村联动发展，支持贫困地区产业发展。①

《“十四五”规划和2035年远景目标纲要》提出，优化农业生产布局，建设优势农产品产业带和特色农产品优势区。推进粮经饲统筹、农林牧渔协调，优化种植业结构，大力发展现代畜牧业，促进水产生态健康养殖。积极发展设施农业，因地制宜发展林果业。深入推进优质粮食工程。推进农业绿色转型，加强产地环境保护治理，发展节水农业和旱作农业，深入实施农药化肥减量行动，治理农膜污染，提升农膜回收利用率，推进秸秆综合利用和畜禽粪污资源化利用。完善绿色农业标准体系，加强绿色食品、有机农产品和地理标志农产品认证管理。强化全过程农产品质量安全监管，健全追溯体系。建设现代农业产业园区和农业现代化示范区。②

《乡村全面振兴规划（2024—2027年）》提出，推动乡村产业高质量发展，促进农民收入增长。构建现代乡村产业体系，深化农村一二三产业融合发展，强化农民增收举措，全面促进农村消费。③

三、促进产业转型升级

技术创新是农产品加工业转型升级的关键。要加快技术创新，提升装备水平，促进农产品加工业提档升级。④

推进加工技术创新　以农产品加工关键环节和瓶颈制约为重点，建设农产品

① 国务院关于促进乡村产业振兴的指导意见[EB/OL].（2019-06-28）[2025-05-15]. https://www.gov.cn/zhengce/content/2019-06/28/content_5404170.htm.

② 中华人民共和国国民经济和社会发展第十四个五年规划和2035年远景目标纲要[EB/OL].（2021-03-13）[2025-05-15]. http://www.gov.cn/xinwen/2021-03/13/content_5592681.htm.

③ 中共中央　国务院印发《乡村全面振兴规划（2024—2027年）》[EB/OL].（2025-01-22）[2025-05-15]. https://www.gov.cn/zhengce/202501/content_7000493.htm.

④ 农业农村部关于印发《全国乡村产业发展规划（2020—2025年）》的通知[EB/OL].（2020-07-16）[2025-05-15]. http://www.moa.gov.cn/xw/bmdt/202007/t20200716_6348795.htm.

加工与贮藏国家重点实验室、保鲜物流技术研究中心及优势农产品品质评价研究中心。组织科研院所、大专院校与企业联合开展技术攻关，研发一批集自动测量、精准控制、智能操作于一体的绿色储藏、动态保鲜、快速预冷、节能干燥等新型实用技术，以及实现品质调控、营养均衡、清洁生产等功能的先进加工技术。

推进加工装备创制　扶持一批农产品加工装备研发机构和生产创制企业，开展信息化、智能化、工程化加工装备研发，提高关键装备国产化水平。运用智能制造、生物合成、3D打印等新技术，集成组装一批科技含量高、适用性广的加工工艺及配套装备，提升农产品加工层次水平。

《关于学习运用“千村示范、万村整治”工程经验有力有效推进乡村全面振兴的意见》提出，促进农村一二三产业融合发展。坚持产业兴农、质量兴农、绿色兴农，加快构建粮经饲统筹、农林牧渔并举、产加销贯通、农文旅融合的现代乡村产业体系，把农业建成现代化大产业。鼓励各地因地制宜大力发展特色产业，支持打造乡土特色品牌。实施乡村文旅深度融合工程，推进乡村旅游集聚区（村）建设，培育生态旅游、森林康养、休闲露营等新业态，推进乡村民宿规范发展、提升品质。优化实施农村产业融合发展项目，培育农业产业化联合体。推动农产品加工业优化升级。推进农产品生产和初加工、精深加工协同发展，促进农产品就近就地转化增值。推进农产品加工设施改造提升，支持区域性预冷烘干、储藏保鲜、鲜切包装等初加工设施建设，发展智能化、清洁化精深加工。支持东北地区发展大豆等农产品全产业链加工，打造食品和饲料产业集群。支持粮食和重要农产品主产区建设加工产业园。①

《“十四五”全国种植业发展规划》《林草产业发展规划（2021—2025年）》《全国林下经济发展指南（2021—2030年）》《“十四五”全国饲草产业发展规划》《关于加快推进竹产业创新发展的意见》《关于推进花卉业高质量发展的指导意见》《“十四五”天然橡胶生产能力建设规划》《关于促进畜牧业高质量发展的意见》《“十四五”全国渔业发展规划》《关于加快推进水产养殖业绿色发展的若

① 中共中央　国务院关于学习运用“千村示范、万村整治”工程经验有力有效推进乡村全面振兴的意见[EB/OL].（2024-02-03）[2025-05-15]. https://www.gov.cn/zhengce/202402/content_6929934.htm.

干意见》《“十四五”全国畜禽粪肥利用种养结合建设规划》《“十四五”全国现代种业发展规划》《“十四五”现代种业提升工程建设规划》就乡村相关产业的发展和升级制定了完整的发展规划。

第三节　优化乡村休闲旅游业

一、聚焦重点区域

依据自然风貌、人文环境、乡土文化等资源禀赋，建设特色鲜明、功能完备、内涵丰富的乡村休闲旅游重点区。①

建设城市周边乡村休闲旅游区　依托都市农业生产生态资源和城郊区位优势，发展田园观光、农耕体验、文化休闲、科普教育、健康养生等业态，建设综合性休闲农业园区、农业主题公园、观光采摘园、垂钓园、乡村民宿和休闲农庄，满足城市居民消费需求。

建设自然风景区周边乡村休闲旅游区　依托秀美山川、湖泊河流、草原湿地等自然资源，在严格保护生态环境的前提下，统筹山水林田湖草沙系统，发展以农业生态游、农业景观游、特色农（牧、渔）业游为主的休闲农（牧、渔）园和农（牧、渔）家乐等，以及森林人家、健康氧吧、生态体验等业态，建设特色乡村休闲旅游功能区。

建设民俗民族风情乡村休闲旅游区　发掘深厚的民族文化底蕴、欢庆的民俗节日活动、多样的民族特色美食和绚丽的民族服饰，发展民族风情游、民俗体验游、村落风光游等业态，开发民族民俗特色产品。

建设传统农区乡村休闲旅游景点　依托稻田、花海、梯田、茶园、养殖池塘、湖泊水库等大水面、海洋牧场等田园渔场风光，发展景观农业、农事体验、观

① 农业农村部关于印发《全国乡村产业发展规划（2020—2025年）》的通知[EB/OL].（2020-07-16）[2025-05-15]. http://www.moa.gov.cn/xw/bmdt/202007/t20200716_6348795.htm.

光采摘、特色动植物观赏、休闲垂钓等业态，开发“后备箱”“伴手礼”等旅游产品。

《关于深入推进农业供给侧结构性改革 加快培育农业农村发展新动能的若干意见》提出，大力发展乡村休闲旅游产业。充分发挥乡村各类物质与非物质资源富集的独特优势，利用“旅游+”“生态+”等模式，推进农业、林业与旅游、教育、文化、康养等产业深度融合。丰富乡村旅游业态和产品，打造各类主题乡村旅游目的地和精品线路，发展富有乡村特色的民宿和养生养老基地。在重点村优先实现宽带全覆盖。支持传统村落保护，维护少数民族特色村寨整体风貌，有条件的地区实行连片保护和适度开发。①

二、注重品质提升

乡村休闲旅游要坚持个性化、特色化发展方向，以农耕文化为魂、美丽田园为韵、生态农业为基、古朴村落为形、创新创意为径，开发形式多样、独具特色、个性突出的乡村休闲旅游业态和产品。②

突出特色化　注重特色是乡村休闲旅游业保持持久吸引力的前提。开发特色资源，发掘农业多种功能和乡村多重价值，发展特色突出、主题鲜明的乡村休闲旅游项目。开发特色文化，发掘民族村落、古村古镇、乡土文化，发展具有历史特征、地域特点、民族特色的乡村休闲旅游项目。开发特色产品，发掘地方风味、民族特色、传统工艺等资源，创制独特、稀缺的乡村休闲旅游服务和产品。

突出差异化　乡村休闲旅游要保持持久竞争力，必须差异竞争、错位发展。把握定位差异，依据不同区位、不同资源和不同文化，发展具有城乡间、区域间、景区间主题差异的乡村休闲旅游项目。瞄准市场差异，依据各类消费群体的不同消费需求，细分目标市场，发展研学教育、田园养生、亲子体验、拓展训练等乡村休

① 中共中央　国务院关于深入推进农业供给侧结构性改革 加快培育农业农村发展新动能的若干意见[EB/OL].（2017-02-05）[2025-05-15]. https://www.gov.cn/zhengce/2017-02/05/content_5165626.htm.

② 农业农村部关于印发《全国乡村产业发展规划（2020—2025年）》的通知[EB/OL].（2020-07-16）[2025-05-15]. http://www.moa.gov.cn/xw/bmdt/202007/t20200716_6348795.htm.

闲旅游项目。顺应老龄化社会的到来，发展民宿康养、游憩康养等乡村休闲旅游项目。彰显功能差异，依据消费者在吃住行、游购娱方面的不同需求，发展采摘园、垂钓园、农家宴、民俗村、风情街等乡村休闲旅游项目。

突出多样化　乡村休闲旅游要保持持久生命力，要走多轮驱动、多轨运行的发展之路。推进业态多样，统筹发展农家乐、休闲园区、生态园、乡村休闲旅游聚集村等业态，形成竞相发展、精彩纷呈的格局。推进模式多样，跨界配置乡村休闲旅游与文化教育、健康养生、信息技术等产业要素，发展共享农庄、康体养老、线上云游等模式。推进主体多样，引导农户、村集体经济组织、农业企业、文旅企业及社会资本等建设乡村休闲旅游项目。

《关于大力发展休闲农业的指导意见》提出，鼓励各地依托农村绿水青山、田园风光、乡土文化等资源，大力发展休闲度假、旅游观光、养生养老、创意农业、农耕体验、乡村手工艺等，促进休闲农业的多样化、个性化发展。鼓励发展以休闲农业为核心的一二三产业融合发展聚集村，发展具有历史记忆、地域特点、民族风情的特色小镇，建设一村一品、一村一景、一村一韵的美丽村庄和宜游宜养的森林景区，提高产业融合的综合效益。①

三、打造精品工程

实施乡村休闲旅游精品工程，加强引导，加大投入，建设一批休闲旅游精品景点。②

建设休闲农业重点县　以县域为单元，依托独特自然资源、文化资源，建设一批设施完备、业态丰富、功能完善，在区域、全国乃至世界有知名度和影响力的休闲农业重点县。

建设美丽休闲乡村　依托种养业、田园风光、绿水青山、村落建筑、乡土文

① 关于大力发展休闲农业的指导意见[EB/OL]．（2016-09-02）[2025-05-15]．http://www.moa.gov.cn/gk/tzgg_1/tz/201609/t20160902_5262939.htm.

② 农业农村部关于印发《全国乡村产业发展规划（2020—2025年）》的通知[EB/OL]．（2020-07-16）[2025-05-15]．http://www.moa.gov.cn/xw/bmdt/202007/t20200716_6348795.htm.

化、民俗风情和人居环境等资源优势，建设一批天蓝、地绿、水净、安居、乐业的美丽休闲乡村，实现产村融合发展。鼓励有条件的地区依托美丽休闲乡村，建设健康养生养老基地。

建设休闲农业园区　根据休闲旅游消费升级的需要，促进休闲农业提档升级，建设一批功能齐全、布局合理、机制完善、带动力强的休闲农业精品园区，推介一批视觉美丽、体验美妙、内涵美好的乡村休闲旅游精品景点线路。引导有条件的休闲农业园建设中小学生实践教育基地。

《关于大力发展休闲农业的指导意见》提出，在整合优化的基础上，重点打造点线面结合的休闲农业品牌体系。在面上，继续开展全国休闲农业示范县（市、区）创建，着力培育一批示范带动能力强的休闲农业集聚区。在点上，继续开展中国美丽休闲乡村推介活动，在全国打造一批天蓝、地绿、水净，安居、乐业、增收的美丽休闲乡村（镇）。在线上，重点开展休闲农业精品景点线路推介，吸引城乡居民到乡村休闲消费。鼓励各地因地制宜开展多种形式的品牌创建与推介活动，培育地方品牌。①

《关于促进乡村旅游可持续发展的指导意见》提出，树立乡村旅游品牌意识，提升品牌形象，增强乡村旅游品牌的影响力和竞争力。鼓励各地整合乡村旅游优质资源，推出一批特色鲜明、优势突出的乡村旅游品牌，构建全方位、多层次的乡村旅游品牌体系。建立全国乡村旅游重点村名录，开展乡村旅游精品工程，培育一批全国乡村旅游精品村、精品单位。鼓励具备条件的地区集群发展乡村旅游，积极打造有影响力的乡村旅游目的地。支持资源禀赋好、基础设施完善、公共服务体系健全的乡村旅游点申报创建A级旅游景区、旅游度假区、特色小镇等品牌。②

---

① 关于大力发展休闲农业的指导意见[EB/OL]．（2016–09–02）[2025–05–15]．http://www.moa.gov.cn/gk/tzgg_1/tz/201609/t20160902_5262939.htm.

② 关于促进乡村旅游可持续发展的指导意见[EB/OL]．（2018–12–31）[2025–05–15]．https://www.gov.cn/zhengce/zhengceku/2018-12/31/content_5439318.htm.

四、提升服务水平

促进乡村休闲旅游高质量发展，要规范化管理、标准化服务，让消费者玩得开心、吃得放心、买得舒心。①

健全标准体系　制修订乡村休闲旅游业标准，完善公共卫生安全、食品安全、服务规范等标准，促进管理服务水平提升。

完善配套设施　加强乡村休闲旅游点水、电、路、讯、网等设施建设，完善餐饮、住宿、休闲、体验、购物、停车、厕所等设施条件。开展垃圾污水等废弃物综合治理，实现资源节约、环境友好。

规范管理服务　引导和支持乡村休闲旅游经营主体加强从业人员培训，提高综合素质，规范服务流程，为消费者提供热情周到、贴心细致的服务。

《关于促进乡村旅游可持续发展的指导意见》提出，完善乡村旅游公共服务体系。结合乡村实际因地制宜进行厕所建设、改造和设计，配套设施始终坚持卫生实用。积极组织开展厕所革命公益宣传活动。推动建立乡村旅游咨询服务体系，进一步完善乡村旅游标识标牌建设，强化解说、信息咨询、安全救援等服务体系建设，完善餐饮住宿、休闲娱乐、户外运动、商品购物、文化展演、民俗体验等配套服务，促进乡村旅游便利化。加快推动乡村旅游信息平台建设，完善网上预订、支付、交流等功能，推动乡村旅游智慧化。②

---

① 农业农村部关于印发《全国乡村产业发展规划（2020—2025年）》的通知[EB/OL].（2020-07-16）[2025-05-15]. http://www.moa.gov.cn/xw/bmdt/202007/t20200716_6348795.htm.

② 关于促进乡村旅游可持续发展的指导意见[EB/OL].（2018-12-31）[2025-05-15]. https://www.gov.cn/zhengce/zhengceku/2018-12/31/content_5439318.htm.

第四节　发展乡村新型服务业

一、提升生产性服务业

扩大服务领域　适应农业生产规模化、标准化、机械化的趋势，支持供销、邮政、农民合作社及乡村企业等，开展农技推广、土地托管、代耕代种、烘干收储等农业生产性服务，以及市场信息、农资供应、农业废弃物资源化利用、农机作业及维修、农产品营销等服务。

提高服务水平　引导各类服务主体把服务网点延伸到乡村，鼓励新型农业经营主体在城镇设立鲜活农产品直销网点，推广农超、农社（区）、农企等产销对接模式。鼓励大型农产品加工流通企业开展托管服务、专项服务、连锁服务、个性化服务等综合配套服务。①

《关于促进乡村产业振兴的指导意见》提出，支持供销、邮政、农业服务公司、农民合作社等开展农资供应、土地托管、代耕代种、统防统治、烘干收储等农业生产性服务业。②

《“十四五”推进农业农村现代化规划》提出，积极发展生产性服务业，引导仓储物流、设施租赁、市场营销、信息咨询等领域市场主体将服务网点延伸到乡村。③

二、拓展生活性服务业

丰富服务内容　改造提升餐饮住宿、商超零售、美容美发、洗浴、照相、电器维修、再生资源回收等乡村生活服务业，积极发展养老护幼、卫生保洁、文化演

① 农业农村部关于印发《全国乡村产业发展规划（2020—2025年）》的通知[EB/OL].（2020-07-16）[2025-05-15]. http://www.moa.gov.cn/xw/bmdt/202007/t20200716_6348795.htm.

② 国务院关于促进乡村产业振兴的指导意见[EB/OL].（2019-06-28）[2025-05-15]. https://www.gov.cn/zhengce/content/2019-06/28/content_5404170.htm.

③ 国务院关于印发“十四五”推进农业农村现代化规划的通知[EB/OL].（2022-02-17）[2025-05-15]. http://www.moa.gov.cn/ztzl/nyncxdhxczx/202202/t20220217_6388921.htm.

出、体育健身、法律咨询、信息中介、典礼司仪等乡村服务业。

创新服务方式　积极发展订制服务、体验服务、智慧服务、共享服务、绿色服务等新形态，探索“线上交易+线下服务”的新模式。鼓励各类服务主体建设运营覆盖娱乐、健康、教育、家政、体育等领域的在线服务平台，推动传统服务业升级改造，为乡村居民提供高效便捷服务。①

《关于促进乡村产业振兴的指导意见》提出，改造农村传统小商业、小门店、小集市等，发展批发零售、养老托幼、环境卫生等农村生活性服务业。②

《“十四五”推进农业农村现代化规划》提出，拓展生活性服务业，改造提升餐饮住宿、商超零售、电器维修、再生资源回收和养老护幼、卫生保洁、文化演出等乡村生活服务业。③

三、发展农村电子商务

培育农村电子商务主体　引导电商、物流、商贸、金融、供销、邮政、快递等各类电子商务主体到乡村布局，构建农村购物网络平台。依托农家店、农村综合服务社、村邮站、快递网点、农产品购销代办站等发展农村电商末端网点。

扩大农村电子商务应用　在农业生产、加工、流通等环节，加快互联网技术应用与推广。在促进工业品、农业生产资料下乡的同时，拓展农产品、特色食品、民俗制品等产品的进城空间。

改善农村电子商务环境　实施“互联网+”农产品出村进城工程，完善乡村信息网络基础设施，加快发展农产品冷链物流设施。建设农村电子商务公共服务中

① 农业农村部关于印发《全国乡村产业发展规划（2020—2025年）》的通知[EB/OL].（2020-07-16）[2025-05-15]. http://www.moa.gov.cn/xw/bmdt/202007/t20200716_6348795.htm.

② 国务院关于促进乡村产业振兴的指导意见[EB/OL].（2019-06-28）[2025-05-15]. https://www.gov.cn/zhengce/content/2019-06/28/content_5404170.htm.

③ 国务院关于印发“十四五”推进农业农村现代化规划的通知[EB/OL].（2022-02-17）[2025-05-15]. http://www.moa.gov.cn/ztzl/nyncxdhxczx/202202/t20220217_6388921.htm.

心，加强农村电子商务人才培养，营造良好市场环境。①

《关于深入推进农业供给侧结构性改革 加快培育农业农村发展新动能的若干意见》提出，推进农村电商发展。促进新型农业经营主体、加工流通企业与电商企业全面对接融合，支持农产品电商平台和乡村电商服务站点建设，推动商贸、供销、邮政、电商互联互通，深入实施电子商务进农村综合示范，鼓励地方规范发展电商产业园，完善全国农产品流通骨干网络，推进“互联网+”现代农业行动。②

《“十四五”推进农业农村现代化规划》提出，加快农村电子商务发展。扩大电子商务进农村覆盖面，加快培育农村电子商务主体，引导电商、物流、商贸、金融、供销、邮政、快递等市场主体到乡村布局。③

第五节　推进农业产业化和农村产业融合发展

一、打造农业产业化升级版

壮大农业产业化龙头企业队伍　实施新型农业经营主体培育工程，引导龙头企业采取兼并重组、股份合作、资产转让等形式，建立大型农业企业集团，打造知名企业品牌，提升龙头企业在乡村产业发展中的带动能力。指导地方培育龙头企业，形成国家、省、市、县级龙头企业梯队，打造乡村产业发展“新雁阵”。

---

① 农业农村部关于印发《全国乡村产业发展规划（2020—2025年）》的通知[EB/OL]．（2020-07-16）[2025-05-15]．http://www.moa.gov.cn/xw/bmdt/202007/t20200716_6348795.htm.

② 中共中央　国务院关于深入推进农业供给侧结构性改革　加快培育农业农村发展新动能的若干意见[EB/OL]．（2017-02-05）[2025-05-15]．https://www.gov.cn/zhengce/2017-02/05/content_5165626.htm.

③ 国务院关于印发“十四五”推进农业农村现代化规划的通知[EB/OL]．（2022-02-17）[2025-05-15]．http://www.moa.gov.cn/ztzl/nyncxdhxczx/202202/t20220217_6388921.htm.

培育农业产业化联合体　扶持一批龙头企业牵头、家庭农场和农民合作社跟进、广大小农户参与的农业产业化联合体，构建分工协作、优势互补、联系紧密的利益共同体，实现抱团发展。引导农业产业化联合体明确权利责任、建立治理结构、完善利益联结机制，促进持续稳定发展。有序推进土地经营权入股农业产业化经营。①

二、推进农村产业融合发展

培育多元融合主体　支持发展县域范围内产业关联度高、辐射带动力强、参与主体多的融合模式，促进资源共享、链条共建、品牌共创，形成企业主体、农民参与、科研助力、金融支撑的产业发展格局。

发展多类型融合业态　引导各类经营主体以加工流通带动业态融合，发展中央厨房等业态。以功能拓展带动业态融合，推进农业与文化、旅游、教育、康养等产业融合，发展创意农业、功能农业等。以信息技术带动业态融合，促进农业与信息产业融合，发展数字农业、智慧农业等。

建立健全融合机制　引导新型农业经营主体与小农户建立多种类型的合作方式，促进利益融合。完善利益分配机制，推广“订单收购+分红”“农民入股+保底收益+按股分红”等模式。②

《关于促进乡村产业振兴的指导意见》提出，促进产业融合发展，增强乡村产业聚合力。培育多元融合主体，发展多类型融合业态，打造产业融合载体，构建利益联结机制。③

《“十四五”规划和2035年远景目标纲要》提出，发展县域经济，推进农村一二三产业融合发展，延长农业产业链条，发展各具特色的现代乡村富民产业。推

① 农业农村部关于印发《全国乡村产业发展规划（2020—2025年）》的通知[EB/OL].（2020-07-16）[2025-05-15]. http://www.moa.gov.cn/xw/bmdt/202007/t20200716_6348795.htm.

② 农业农村部关于印发《全国乡村产业发展规划（2020—2025年）》的通知[EB/OL].（2020-07-16）[2025-05-15]. http://www.moa.gov.cn/xw/bmdt/202007/t20200716_6348795.htm.

③ 国务院关于促进乡村产业振兴的指导意见[EB/OL].（2019-06-28）[2025-05-15]. https://www.gov.cn/zhengce/content/2019-06/28/content_5404170.htm.

动种养加结合和产业链再造，提高农产品加工业和农业生产性服务业发展水平，壮大休闲农业、乡村旅游、民宿经济等特色产业。加强农产品仓储保鲜和冷链物流设施建设，健全农村产权交易、商贸流通、检验检测认证等平台和智能标准厂房等设施，引导农村二三产业集聚发展。完善利益联结机制，通过“资源变资产、资金变股金、农民变股东”，让农民更多分享产业增值收益。①

第六节　推进农村创新创业

一、培育创业主体

深入实施农村创新创业带头人培育行动，加大扶持，培育一批扎根乡村、服务农业、带动农民的创新创业群体。②

培育返乡创业主体　以乡情感召、政策吸引、事业凝聚，引导有资金积累、技术专长和市场信息的返乡农民工在农村创新创业，培育一批充满激情的农村创新创业优秀带头人，引领乡村新兴产业发展。

培育入乡创业主体　优化乡村营商环境，强化政策扶持，构建农业全产业链，引导大中专毕业生、退役军人、科技人员和工商业主等入乡创业，应用新技术、开发新产品、开拓新市场，引入现代管理、经营理念和业态模式，丰富乡村产业发展类型。

培育在乡创业主体　加大乡村能人培训力度，提高发现机会、识别市场、整合资源、创造价值的能力。培育一批“田秀才”“土专家”“乡创客”等乡土人才，以及乡村工匠、文化能人、手工艺人等能工巧匠，领办家庭农场、农民合作社

① 中华人民共和国国民经济和社会发展第十四个五年规划和2035年远景目标纲要[EB/OL].（2021-03-13）[2025-05-15]. http://www.gov.cn/xinwen/2021-03/13/content_5592681.htm.

② 农业农村部关于印发《全国乡村产业发展规划（2020—2025年）》的通知[EB/OL].（2020-07-16）[2025-05-15]. http://www.moa.gov.cn/xw/bmdt/202007/t20200716_6348795.htm.

等，创办家庭工场、手工作坊、乡村车间等。

《关于促进乡村产业振兴的指导意见》提出，促进农村创新创业。实施乡村就业创业促进行动，引导农民工、大中专毕业生、退役军人、科技人员等返乡入乡人员和“田秀才”“土专家”“乡创客”创新创业。创建农村创新创业和孵化实训基地，加强乡村工匠、文化能人、手工艺人和经营管理人才等创新创业主体培训，提高创业技能。①

二、搭建创业平台

按照“政府搭建平台、平台聚集资源、资源服务创业”的要求，建设各类创新创业园区和孵化实训基地。②

选树农村创新创业典型县　遴选政策环境良好、工作机制完善、服务体系健全、创业业态丰富的县（市），总结做法经验，推广典型案例，树立一批全国农村创新创业典型县。

建设农村创新创业园区　引导地方建设一批资源要素集聚、基础设施齐全、服务功能完善、创新创业成长快的农村创新创业园区，依托现代农业产业园、农产品加工园、高新技术园区、电商物流园等，建立“园中园”式农村创新创业园。力争用5年时间，覆盖全国农牧渔业大县（市）。

建设孵化实训基地　依托各类园区、大中型企业、知名村镇、大中专院校等平台和主体，建设一批集“生产+加工+科技+营销+品牌+体验”于一体、“预孵化+孵化器+加速器+稳定器”全产业链的农村创新创业孵化实训基地。

三、强化创业指导

建设农村创业导师队伍　建立专家创业导师队伍，重点从大专院校、科研院

① 国务院关于促进乡村产业振兴的指导意见[EB/OL].（2019-06-28）[2025-05-15]. https://www.gov.cn/zhengce/content/2019-06/28/content_5404170.htm.

② 农业农村部关于印发《全国乡村产业发展规划（2020—2025年）》的通知[EB/OL].（2020-07-16）[2025-05-15]. http://www.moa.gov.cn/xw/bmdt/202007/t20200716_6348795.htm.

所等单位遴选一批理论造诣深厚、实践经验丰富的科研人才、政策专家、会计师、设计师、律师等，为农村创业人员提供创业项目、技术要点等指导服务。建立企业家创业导师队伍，重点从农业产业化龙头企业、新型农业经营主体中遴选一批有经营理念、市场眼光的乡村企业家，为农村创业人员提供政策运用、市场拓展等指导服务。建立带头人创业导师队伍，重点从农村创新创业带头人中遴选一批经历丰富、成效显著的创业成功人士，为农村创业人员提供经验分享等指导服务。

健全指导服务机制　建立指导服务平台，依托农村创新创业园区、孵化实训基地和网络平台等，通过集中授课、案例教学、现场指导等方式，创立“平台+导师+学员”服务模式。开展点对点指导服务，根据农村创业导师和农村创业人员实际，开展“一带一”“师带徒”“一带多”等精准服务。创新指导服务方式，通过网络、视频等载体，为农村创业人员提供政策咨询、技术指导、市场营销、品牌培育等服务。农村创业导师为农村创业人员提供咨询服务，不替代农村创业人员创业决策，强化农村创业人员决策自主、风险自担意识。①

四、优化创业环境

强化创业服务　支持地方依托县乡政府政务大厅设立农村创新创业服务窗口，发挥乡村产业服务指导机构和行业协会商会作用，培育市场化中介服务机构。建立“互联网+”创新创业服务模式，为农村创新创业主体提供灵活便捷在线服务。

强化创业培训　依托普通高校、职业院校、优质培训机构、公共职业技能培训平台等开展创业能力提升培训，让有意愿的农村创新创业人员均能受到免费创业培训。推行“创业+技能”“创业+产业”的培训模式，开展互动教学、案例教学和现场观摩教学。发挥农村创新创业带头人作用，讲述励志故事，分享创业经验。②

---

① 农业农村部关于印发《全国乡村产业发展规划（2020—2025年）》的通知[EB/OL].（2020-07-16）[2025-05-15]. http://www.moa.gov.cn/xw/bmdt/202007/t20200716_6348795.htm.

② 农业农村部关于印发《全国乡村产业发展规划（2020—2025年）》的通知[EB/OL].（2020-07-16）[2025-05-15]. http://www.moa.gov.cn/xw/bmdt/202007/t20200716_6348795.htm.

第五章

美丽乡村的文化建设

乡村文化是美丽乡村建设的灵魂，承载着历史记忆、农耕文明和乡土精神。加强乡村文化建设，既是传承中华优秀传统文化的重要举措，也是提升农民精神风貌、增强乡村发展内生动力的关键路径。需以文化铸魂、以文明塑形，通过保护文化遗产、完善公共文化服务、推动文旅融合、培育文明乡风及数字化赋能，构建富有乡土特色、现代活力与可持续性的乡村文化生态，为乡村振兴注入文化动能。

第一节　美丽乡村文化遗产的保护与传承

一、传统文化的保护①

1. 构建城乡历史文化保护传承体系

城乡历史文化保护传承体系是以具有保护意义、承载不同历史时期文化价值的城市、村镇等复合型、活态遗产为主体和依托，保护对象主要包括历史文化名城、名镇、名村（传统村落）、街区和不可移动文物、历史建筑、历史地段，与工业遗产、农业文化遗产、灌溉工程遗产、非物质文化遗产、地名文化遗产等保护传承共同构成的有机整体。建立城乡历史文化保护传承体系的目的是在城乡建设中全面保护好中国古代、近现代历史文化遗产和当代重要建设成果，全方位展现中华民族悠久连续的文明历史、中国近现代历史进程、中国共产党团结带领中国人民不懈奋斗

① 中共中央办公厅　国务院办公厅印发《关于在城乡建设中加强历史文化保护传承的意见》[EB/OL].（2021-09-03）[2025-05-15]. https://www.gov.cn/zhengce/2021-09/03/content_5635308.htm.

的光辉历程、中华人民共和国成立与发展历程、改革开放和社会主义现代化建设的伟大征程。

2. 加强保护利用传承

明确保护重点　划定各类保护对象的保护范围和必要的建设控制地带，划定地下文物埋藏区，明确保护重点和保护要求。保护文物本体及其周边环境，大力实施原址保护，加强预防性保护、日常保养和保护修缮。保护不同时期、不同类型的历史建筑，重点保护体现其核心价值的外观、结构和构件等，及时加固修缮，消除安全隐患。保护能够真实反映一定历史时期传统风貌和民族、地方特色的历史地段。保护历史文化街区的历史肌理、历史街巷、空间尺度和景观环境，以及古井、古桥、古树等环境要素，整治不协调建筑和景观，延续历史风貌。保护历史文化名城、名镇、名村（传统村落）的传统格局、历史风貌、人文环境及其所依存的地形地貌、河湖水系等自然景观环境，注重整体保护，传承传统营建智慧。保护非物质文化遗产及其依存的文化生态，发挥非物质文化遗产的社会功能和当代价值。

严格拆除管理　在城市更新中禁止大拆大建、拆真建假、以假乱真，不破坏地形地貌、不砍老树，不破坏传统风貌，不随意改变或侵占河湖水系，不随意更改老地名。切实保护能够体现城市特定发展阶段、反映重要历史事件、凝聚社会公众情感记忆的既有建筑，不随意拆除具有保护价值的老建筑、古民居。对于因公共利益需要或者存在安全隐患不得不拆除的，应进行评估论证，广泛听取相关部门和公众意见。

推进活化利用　坚持以用促保，让历史文化遗产在有效利用中成为城市和乡村的特色标识和公众的时代记忆，让历史文化和现代生活融为一体，实现永续传承。加大文物开放力度，利用具备条件的文物建筑作为博物馆、陈列馆等公共文化设施。活化利用历史建筑、工业遗产，在保持原有外观风貌、典型构件的基础上，通过加建、改建和添加设施等方式适应现代生产生活需要。探索农业文化遗产、灌溉工程遗产保护与发展路径，促进生态农业、乡村旅游发展，推动乡村振兴。促进非物质文化遗产合理利用，推动非物质文化遗产融入现代生产生活。

融入城乡建设　统筹城乡空间布局，妥善处理新城和老城关系，合理确定老城建设密度和强度，经科学论证后，逐步疏解与历史文化保护传承不相适应的工业、仓储物流、区域性批发市场等城市功能。按照留改拆并举、以保留保护为主的原则，实施城市生态修复和功能完善工程，稳妥推进城市更新。加强重点地段建设活动管控和建筑、雕塑设计引导，保护好传统文化基因，鼓励继承创新，彰显城市特色，避免“千城一面、万楼一貌”。依托历史文化街区和历史地段建设文化展示、传统居住、特色商业、休闲体验等特定功能区，完善城市功能，提升城市活力。采用“绣花”“织补”等微改造方式，增加历史文化名城、名镇、名村（传统村落）、街区和历史地段的公共开放空间，补齐配套基础设施和公共服务设施短板。加强多种形式应急力量建设，制定应急处置预案，综合运用人防、物防、技防等手段，提高历史文化名城、名镇、名村（传统村落）、街区和历史地段的防灾减灾救灾能力。统筹乡村建设与历史文化名镇、名村（传统村落）及历史地段、农业文化遗产、灌溉工程遗产的保护利用。

弘扬历史文化　在保护基础上加强对各类历史文化遗产的研究阐释工作，多层次、全方位、持续性挖掘其历史故事、文化价值、精神内涵。分层次、分类别串联各类历史文化遗产，构建融入生产生活的历史文化展示线路、廊道和网络，处处见历史、处处显文化，在城乡建设中彰显城市精神和乡村文明，让广大人民群众在日用而不觉中接受文化熏陶。加大宣传推广力度，组织开展传统节庆活动、纪念活动、文化年等形式多样的文化主题活动，创新表达方式，以新闻报道、电视剧、电视节目、纪录片、动画片、短视频等多种形式充分展现中华文明的影响力、凝聚力和感召力。

二、非物质文化遗产保护传承①

1. 健全非物质文化遗产保护传承体系

完善调查记录体系　开展全国非物质文化遗产资源调查，完善档案制度，加强档案数字化建设，妥善保存相关实物、资料。实施非物质文化遗产记录工程，运

① 中共中央办公厅　国务院办公厅印发《关于进一步加强非物质文化遗产保护工作的意见》[EB/OL].（2021-08-12）[2025-05-15]. https://www.gov.cn/zhengce/2021-08/12/content_5630974.htm.

用现代科技手段，提高专业记录水平，广泛发动社会记录，对国家级非物质文化遗产代表性项目名录和代表性传承人进行全面系统记录。加强对全国非物质文化遗产资源的整合共享，进一步促进非物质文化遗产数据依法向社会开放，进一步加强档案和记录成果的社会利用。

完善代表性项目制度　构建更加科学、合理的代表性项目分类体系。健全国家、省、市、县代表性项目名录体系。加强代表性项目存续状况评估，建立动态调整机制。夯实代表性项目保护单位责任，加强绩效评估和动态管理。加强与代表性项目相关的文化空间保护。积极做好联合国教科文组织非物质文化遗产名录项目的申报和履约工作。

完善代表性传承人制度　健全国家、省、市、县代表性传承人认定与管理制度，以传承为中心审慎开展推荐认定工作。对集体传承、大众实践的项目，探索认定代表性传承团体（群体）。加强对代表性传承人的评估和动态管理，完善退出机制。实施中国非物质文化遗产代表性传承人研修培训计划，进一步提升传承人技能艺能。加强传承梯队建设，促进传统传承方式和现代教育体系相结合，拓宽人才培养渠道，不断壮大传承队伍。

完善区域性整体保护制度　将非物质文化遗产及其得以孕育、发展的文化和自然生态环境进行整体保护，突出地域和民族特色，继续推进文化生态保护区建设，落实有关地方政府主体责任。促进文化生态保护区建设与国家文化公园建设有效衔接，提高区域性整体保护水平。挖掘中国民间文化艺术之乡、中国传统村落、中国美丽休闲乡村、全国乡村旅游重点村、历史文化名城名镇名村、全国“一村一品”示范村镇中的非物质文化遗产资源，提升乡土文化内涵，建设非物质文化遗产特色村镇、街区。加强新型城镇化建设中的非物质文化遗产保护，全面推进“非遗在社区”工作。

完善传承体验设施体系　在现有基础上，统筹建设利用好国家级非物质文化遗产馆，鼓励有条件的地方建设非物质文化遗产馆、推动国家级非物质文化遗产代表性项目配套改建新建传承体验中心，形成包括非物质文化遗产馆、传承体验中心（所、点）等在内，集传承、体验、教育、培训、旅游等功能于一体的传承体验设施体系。鼓励社会力量兴办传承体验设施。研究完善非物质文化遗产馆管理制度，建立非物质文化遗产馆备案和评估定级制度。

完善理论研究体系　加强国家级非物质文化遗产专业研究力量，建设一批国家级非物质文化遗产研究基地。围绕国家重大战略、重大文化工程中涉及非物质文化遗产的重大问题等，建立多学科研究平台。加强非物质文化遗产重点实验室建设。提高非物质文化遗产学术期刊质量，加强非物质文化遗产相关出版工作。定期举办中国非物质文化遗产保护年会、学术会议。

2. 提高非物质文化遗产保护传承水平

加强分类保护　阐释挖掘民间文学的时代价值、社会功用，创新表现方式。提高传统音乐、传统舞蹈、传统戏剧、曲艺、杂技的实践频次和展演水平，深入实施戏曲振兴工程、曲艺传承发展计划，加大对优秀剧本、曲本创作的扶持力度，增强表演艺术类非物质文化遗产的生命力。推动传统体育、游艺纳入全民健身活动。继续实施中国传统工艺振兴计划，加强各民族优秀传统手工艺保护和传承，推动传统美术、传统技艺、中药炮制及其他传统工艺在现代生活中广泛应用。将符合条件的传统工艺企业列入中华老字号名录，支持符合条件的传统医药类非物质文化遗产代表性传承人依法取得医师资格。丰富传统节日、民俗活动的内容和形式，深入实施中国传统节日振兴工程。

融入国家重大战略　加强京津冀协同发展、长江经济带发展、粤港澳大湾区建设、长三角一体化发展、黄河流域生态保护和高质量发展、推进海南全面深化改革开放等国家重大战略中的非物质文化遗产保护传承，建立区域保护协同机制，加强专题研究，举办品牌活动。加大对黄河流域丰富多样非物质文化遗产资源的传承利用。在雄安新区、北京城市副中心以及国家文化公园建设中，加强非物质文化遗产保护传承，生动呈现中华文化独特创造、价值理念和鲜明特色，实现可持续发展。在实施乡村振兴战略和新型城镇化建设中，发挥非物质文化遗产服务基层社会治理的作用，将非物质文化遗产保护与美丽乡村建设、农耕文化保护、城市建设相结合，保护文化传统，守住文化根脉。

促进合理利用　在有效保护前提下，推动非物质文化遗产与旅游融合发展、高质量发展。深入挖掘乡村旅游消费潜力，支持利用非物质文化遗产资源发展乡村旅游等业态，以文塑旅、以旅彰文，推出一批具有鲜明非物质文化遗产特色的主题旅游线路、研学旅游产品和演艺作品。支持非物质文化遗产有机融入景区、度假区，建设非物质文化遗产特色景区。鼓励合理利用非物质文化遗产资源进行文艺创作和文创设计，提高品质和文化内涵。利用互联网平台，拓宽相关产品推广和销售渠道。鼓励非物质文化遗产相关企业拓展国际市场，支持其产品和服务出口。

加强特殊地区保护传承　加强革命老区、民族地区、边疆地区、脱贫地区非物质文化遗产保护传承。建立东中西部地区非物质文化遗产保护协作机制，鼓励东部地区加强对中西部地区的协作帮扶。加强革命老区非物质文化遗产保护，鼓励传承人创作以红色文化为主题的作品。坚持以铸牢中华民族共同体意识为主线，促进各民族非物质文化遗产保护传承，树立和突出各民族共享的中华文化符号和中华民族形象。开展边疆地区非物质文化遗产资源调查。推动与周边国家开展联合保护行动。加大对脱贫地区非物质文化遗产保护的专业支持，进一步推动非物质文化遗产助力乡村振兴，鼓励建设非物质文化遗产就业工坊，促进当地脱贫人口就业增收。

3. 加大非物质文化遗产传播普及力度

促进广泛传播　适应媒体深度融合趋势，丰富传播手段，拓展传播渠道，鼓励新闻媒体设立非物质文化遗产专题、专栏等，支持加强相关题材纪录片创作，办好有关优秀节目，鼓励各类新媒体平台做好相关传播工作。利用文化馆（站）、图书馆、博物馆、美术馆等公共文化设施开展非物质文化遗产相关培训、展览、讲座、学术交流等活动。在传统节日、文化和自然遗产日期间组织丰富多彩的宣传展示活动。加强专业化、区域性非物质文化遗产展示展演，办好中国非物质文化遗产博览会、中国成都国际非物质文化遗产节等活动。

融入国民教育体系　将非物质文化遗产内容贯穿国民教育始终，构建非物质文化遗产课程体系和教材体系，出版非物质文化遗产通识教育读本。在中小学开设非物质文化遗产特色课程，鼓励建设国家级非物质文化遗产代表性项目名录特色中小学传承基地。加强高校非物质文化遗产学科体系和专业建设，支持有条件的高校自主增设硕士点和博士点。在职业学校开设非物质文化遗产保护相关专业和课程。

加大非物质文化遗产师资队伍培养力度，支持代表性传承人参与学校授课和教学科研。引导社会力量参与非物质文化遗产教育培训，广泛开展社会实践和研学活动。建设一批国家级非物质文化遗产传承教育实践基地。鼓励非物质文化遗产进校园。

加强对外和对港澳台交流合作　配合重要活动、节庆、会议等，举办对外和对港澳台非物质文化遗产交流传播活动。加强与联合国教科文组织等国际组织在非物质文化遗产领域的合作，拓展政府间多边、双边合作渠道，加强与共建“一带一路”国家和地区非物质文化遗产交流，提升我国在国际非物质文化遗产领域的话语权，维护国家主权和文化安全。加强国际文化专家队伍建设和中外智库交流合作，提升国际学术影响力。鼓励各驻外使领馆、海外中国文化中心、驻外旅游办事处、中资企业以及海外侨胞和出国留学人员等积极开展我国非物质文化遗产的宣传推广。推出以对外传播我国非物质文化遗产为主要内容的影视剧、纪录片、宣传片、舞台剧、短视频等优秀作品。通过中外人文交流活动等形式，交流非物质文化遗产保护先进经验，向国际社会宣介我国非物质文化遗产和中华优秀传统文化。积极推动内地和港澳、大陆和台湾地区的交流合作，充分发挥非物质文化遗产在增进文化认同、维系国家统一中的独特作用。

三、传统村落保护

传统村落传承着中华民族的历史记忆、生产生活智慧、文化艺术结晶和民族地域特色，维系着中华文明的根，寄托着中华各族儿女的乡愁。保护和弘扬优秀传统文化的精神，加大传统村落保护力度，改善人居环境，实现传统村落的可持续发展。[①]

1. 传统村落保护的主要任务

保护文化遗产　保护村落的传统选址、格局、风貌以及自然和田园景观等整体空间形态与环境。全面保护文物古迹、历史建筑、传统民居等传统建筑，重点修复传统建筑集中连片区。保护古路桥涵垣、古井塘树藤等历史环境要素。保护非物

① 住房城乡建设部　文化部　国家文物局　财政部关于切实加强中国传统村落保护的指导意见[EB/OL].（2016-05-22）[2025-05-15]. https://www.gov.cn/zhengce/2016-05/22/content_5075656.htm.

质文化遗产以及与其相关的实物和场所。

改善基础设施和公共环境　整治和完善村内道路、供水、垃圾和污水治理等基础设施。完善消防、防灾避险等必要的安全设施。整治文化遗产周边、公共场地、河塘沟渠等公共环境。

合理利用文化遗产　挖掘社会、情感价值，延续和拓展使用功能。挖掘历史科学艺术价值，开展研究和教育实践活动。挖掘经济价值，发展传统特色产业和旅游。

建立保护管理机制　建立健全法律法规，落实责任义务，制定保护发展规划，出台支持政策，鼓励村民和公众参与，建立档案和信息管理系统，实施预警和退出机制。

2. 传统村落保护的基本要求

保持传统村落的完整性　注重村落空间的完整性，保持建筑、村落以及周边环境的整体空间形态和内在关系，避免“插花”混建和新旧村不协调。注重村落历史的完整性，保护各个时期的历史记忆，防止盲目塑造特定时期的风貌。注重村落价值的完整性，挖掘和保护传统村落的历史、文化、艺术、科学、经济、社会等价值，防止片面追求经济价值。

保持传统村落的真实性　注重文化遗产存在的真实性，杜绝无中生有、照搬抄袭。注重文化遗产形态的真实性，避免填塘、拉直道路等改变历史格局和风貌的行为，禁止没有依据的重建和仿制。注重文化遗产内涵的真实性，防止一味娱乐化等现象。注重村民生产生活的真实性，合理控制商业开发面积比例，严禁以保护利用为由将村民全部迁出。

保持传统村落的延续性　注重经济发展的延续性，提高村民收入，让村民享受现代文明成果，实现安居乐业。注重传统文化的延续性，传承优秀的传统价值观、传统习俗和传统技艺。注重生态环境的延续性，尊重人与自然和谐相处的生产生活方式，严禁以牺牲生态环境为代价过度开发。

3. 传统村落保护的措施

完善名录　继续开展补充调查，摸清传统村落底数，抓紧将有重要价值的村落列入中国传统村落名录。做好村落文化遗产详细调查，按照“一村一档”要求建立中国传统村落档案。统一设置中国传统村落的保护标志，实行挂牌保护。

制定保护发展规划　按照《中华人民共和国城乡规划法》以及《传统村落保护发展规划编制基本要求》制定传统村落保护发展规划。规划审批前应通过国家相关行政主管部门组织的技术审查。涉及文物保护单位的，要编制文物保护规划并履行相关程序后纳入保护发展规划。涉及非物质文化遗产代表性项目保护单位的，要由保护单位制定保护措施，报经评定该项目的文化主管部门同意后，纳入保护发展规划。

加强建设管理　规划区内新建、修缮和改造等建设活动，要经乡（镇）人民政府初审后报县级住房城乡建设部门同意，并取得乡村建设规划许可，涉及文物保护单位的应征得文物行政部门的同意。严禁拆并中国传统村落。保护发展规划未经批准前，影响整体风貌和传统建筑的建设活动一律暂停。涉及文物保护单位区划内相关建设及文物迁移的，应依法履行报批手续。传统建筑工匠应持证上岗，修缮文物建筑的应同时取得文物保护工程施工专业人员资格证书。

加大资金投入　中央财政统筹农村环境保护、“一事一议”财政奖补及美丽乡村建设、国家重点文物保护、中央补助地方文化体育与传媒事业发展、非物质文化遗产保护等专项资金，分年度支持中国传统村落保护发展。支持范围包括传统建筑保护利用示范、防灾减灾设施建设、历史环境要素修复、卫生等基础设施完善和公共环境整治、文物保护、国家级非物质文化遗产代表性项目名录保护。调动中央和地方两个积极性，鼓励地方各级财政在中央补助基础上加大投入力度。引导社会力量通过捐资捐赠、投资、入股、租赁等方式参与保护。探索建立传统建筑认领保护制度。

做好技术指导　国家相关行政主管部门制定全国传统村落保护发展规划，组织保护技术开发研究、示范和技术指南编制工作，组织培训和宣传教育。省级相关行政主管部门做好本地区的技术指导工作，成立省级专家组并报国家相关行政主管部门备案。每个中国传统村落要确定一名省级专家组成员，参与村内建设项目决策，现场指导传统建筑保护修缮等。

第二节　培育新时代乡风文明

一、发展新时代的乡村文化

1. 繁荣发展乡村文化

推动农耕文明和现代文明要素有机结合，书写中华民族现代文明的乡村篇。改进创新农村精神文明建设，推动新时代文明实践向村庄、集市等末梢延伸，促进城市优质文化资源下沉，增加有效服务供给。深入开展听党话、感党恩、跟党走宣传教育活动。加强乡村优秀传统文化保护传承和创新发展。强化农业文化遗产、农村非物质文化遗产挖掘整理和保护利用，实施乡村文物保护工程。开展传统村落集中连片保护利用示范。坚持农民唱主角，促进“村BA”、村超、村晚等群众性文体活动健康发展。①

2. 提升乡村精神风貌

组织学习习近平新时代中国特色社会主义思想，广泛开展党史、新中国史、改革开放史、社会主义发展史宣传教育，深入开展“听党话、感党恩、跟党走”宣传教育活动。加强民族团结进步宣传教育，铸牢中华民族共同体意识。实施文明乡风建设工程，以社会主义核心价值观为引领，加强文明培育、文明实践、文明创建工作。做好普法、科普工作，反对封建迷信。开展诚信宣传教育，深化诚信缺失突出问题专项治理，加强青少年思想道德教育，强化未成年人网络保护工作。持续推进移风易俗，弘扬良好乡风家风民风，引导村民遵规守约，扎实开展高额彩礼、大操大办、散埋乱葬等突出问题治理，完善婚事新办、丧事简办、孝老爱亲等约束性规范和倡导性标准。加强农村公益性公墓（骨灰堂）建设，推进农村殡葬改革，培育现代文明殡葬新风。②

---

① 中共中央　国务院关于学习运用“千村示范、万村整治”工程经验有力有效推进乡村全面振兴的意见[EB/OL].（2024-02-03）[2025-05-15]. https://www.gov.cn/zhengce/202402/content_6929934.htm.

② 中共中央　国务院印发《乡村全面振兴规划（2024—2027年）》[EB/OL].（2025-01-22）[2025-05-15]. https://www.gov.cn/zhengce/202501/content_7000493.htm.

3. 重塑乡村文化生态

优化文化服务和文化产品供给机制，深入开展文化科技卫生“三下乡”活动，健全城乡“结对子、种文化”常态化机制，推进乡村文化志愿服务，开展具有农耕农趣农味的群众性文化体育活动。完善公共文化服务体系，建立优质文化资源直达基层机制，实施文化惠民工程，探索建立群众文艺团队培育引导机制，开展乡村文化指导员相关工作，推动新时代文明实践中心（所、站）联动高效运转，推进农家书屋改革创新。①

4. 广泛开展群众文化活动

完善群众文艺扶持机制，鼓励农村地区自办文化。培育挖掘乡土文化本土人才，支持乡村文化能人。加强基层文化队伍培训，培养一支懂文艺爱农村爱农民、专兼职相结合的农村文化工作队伍。传承和发展民族民间传统体育，广泛开展形式多样的农民群众性体育活动。鼓励开展群众性节日民俗活动，支持文化志愿者深入农村开展丰富多彩的文化志愿服务活动。活跃繁荣农村文化市场，推动农村文化市场转型升级，加强农村文化市场监管。②

5. 增强乡村文化影响力

弘扬中华优秀传统文化，加强传统村落保护传承，强化文物和非物质文化遗产保护利用，实施传统工艺振兴工程，开展古树名木复壮及古树群保护。推进中国传统节日振兴，办好中国农民丰收节。培育壮大乡村文化产业，实施文化产业赋能乡村振兴计划、乡村文旅深度融合工程，提升乡村旅游质量效益，加快数字赋能乡村文化产业。③

① 中共中央　国务院印发《乡村全面振兴规划（2024—2027年）》[EB/OL].（2025-01-22）[2025-05-15]. https://www.gov.cn/zhengce/202501/content_7000493.htm.

② 中共中央　国务院印发《乡村振兴战略规划（2018—2022年）》[EB/OL].（2018-09-26）[2025-05-15]. https://www.gov.cn/zhengce/2018-09/26/content_5325534.htm.

③ 中共中央　国务院印发《乡村全面振兴规划（2024—2027年）》[EB/OL].（2025-01-22）[2025-05-15]. https://www.gov.cn/zhengce/202501/content_7000493.htm.

二、提供乡村公共文化服务

1. 健全公共文化服务体系

按照有标准、有网络、有内容、有人才的要求，健全乡村公共文化服务体系。推动县级图书馆、文化馆总分馆制，发挥县级公共文化机构辐射作用，加强基层综合性文化服务中心建设，实现乡村两级公共文化服务全覆盖，提升服务效能。完善农村新闻出版广播电视公共服务覆盖体系，推进数字广播电视户户通，探索农村电影放映的新方法新模式，推进农家书屋延伸服务和提质增效。继续实施公共数字文化工程，积极发挥新媒体作用，使农民群众能便捷获取优质数字文化资源。完善乡村公共体育服务体系，推动村健身设施全覆盖。①

2. 增加公共文化产品和服务供给

增加优秀乡村文化产品和服务供给，活跃繁荣农村文化市场。深入推进文化惠民，为农村地区提供更多更好的公共文化产品和服务。建立农民群众文化需求反馈机制，推动政府向社会购买公共文化服务，开展“菜单式”“订单式”服务。加强公共文化服务品牌建设，推动形成具有鲜明特色和社会影响力的农村公共文化服务项目。开展文化结对帮扶。支持“三农”题材文艺创作生产，鼓励文艺工作者推出反映农民生产生活尤其是乡村振兴实践的优秀文艺作品。鼓励各级文艺组织深入农村地区开展惠民演出活动。加强农村科普工作，推动全民阅读进家庭、进农村，提高农民科学文化素养。②

三、建设现代文明乡风

1. 加强文明乡风建设

进一步加强新时代农村精神文明建设，强化思想政治引领，实施文明乡风建设工程，推动党的创新理论更加深入人心、社会主义核心价值观广泛践行。培育

① 中共中央　国务院印发《乡村振兴战略规划（2018—2022年）》[EB/OL].（2018-09-26）[2025-05-15]. https://www.gov.cn/zhengce/2018-09/26/content_5325534.htm.

② 中共中央　国务院印发《乡村振兴战略规划（2018—2022年）》[EB/OL].（2018-09-26）[2025-05-15]. https://www.gov.cn/zhengce/2018-09/26/content_5325534.htm.

时代新风新貌，深化“我为群众办实事”等实践活动，推进和睦家庭与和谐邻里建设。加强民族团结进步宣传教育，铸牢中华民族共同体意识。建立优质文化资源直达基层机制，丰富农村文化服务和产品供给，创新开展“戏曲进乡村”等文化惠民活动，加强乡土文化能人扶持，引导群众性文体活动健康发展。推进传统村落特色保护区建设，加强乡村文化遗产保护传承和活化利用，深入实施乡村文物保护工程。①

2. 推进农村移风易俗

推进农村高额彩礼问题综合治理，发挥妇联、共青团等组织作用，加强对农村适婚群体的公益性婚恋服务和关心关爱。加大对婚托婚骗等违法行为的打击力度。加强宗祠规范管理。深化殡葬改革，推进公益性生态安葬设施建设。持续整治人情攀比、大操大办、厚葬薄养、散埋乱葬等突出问题，完善约束性规范和倡导性标准。规范农村演出市场，深入整治低俗表演活动。加强农村科普阵地建设，反对封建迷信。②

第三节 文旅融合与乡村文化产业发展

一、文旅融合推动乡村振兴③

1. 突出乡村旅游文化特色

在保护的基础上，有效利用文物古迹、传统村落、民族村寨、传统建筑、农业遗迹、灌溉工程遗产、农业文化遗产、非物质文化遗产等，融入乡村旅游产品开发。促进文物资源与乡村旅游融合发展，支持在文物保护区域因地制宜适度发展

① 中共中央　国务院关于进一步深化农村改革　扎实推进乡村全面振兴的意见[EB/OL].（2025-02-23）[2025-05-15]. https://www.gov.cn/zhengce/202502/content_7005158.htm.

② 中共中央　国务院关于进一步深化农村改革　扎实推进乡村全面振兴的意见[EB/OL].（2025-02-23）[2025-05-15]. https://www.gov.cn/zhengce/202502/content_7005158.htm.

③ 关于促进乡村旅游可持续发展的指导意见[EB/OL].（2018-12-21）[2025-05-15]. https://www.gov.cn/zhengce/zhengceku/2018-12/31/content_5439318.htm.

服务业和休闲农业，推介文物领域研学旅行、体验旅游、休闲旅游项目和精品旅游线路，发挥文物资源对提高国民素质和社会文明程度、推动经济社会发展的重要作用。支持农村地区地域特色文化、民族民间文化、优秀农耕文化、传统手工艺、优秀戏曲曲艺等传承发展，创新表现形式，开发一批乡村文化旅游产品。依托乡村旅游创客基地，推动传统工艺品的生产、设计等和发展乡村旅游有机结合。鼓励乡村与专业艺术院团合作，打造特色鲜明、体现地方人文的文化旅游精品。大力发展乡村特色文化产业。支持在乡村地区开展红色旅游、研学旅游。

2. 丰富乡村旅游产品类型

对接旅游者观光、休闲、度假、康养、科普、文化体验等多样化需求，促进传统乡村旅游产品升级，加快开发新型乡村旅游产品。结合现代农业发展，建设一批休闲农业精品园区、农业公园、农村产业融合发展示范园、田园综合体、农业庄园，探索发展休闲农业和乡村旅游新业态。结合乡村山地资源、森林资源、水域资源、地热冰雪资源等，发展森林观光、山地度假、水域休闲、冰雪娱乐、温泉养生等旅游产品。鼓励有条件地区，推进乡村旅游和中医药相结合，开发康养旅游产品。充分利用农村土地、闲置宅基地、闲置农房等资源，开发建设乡村民宿、养老等项目。依托当地自然和文化资源禀赋发展特色民宿，在文化传承和创意设计上实现提升，完善行业标准、提高服务水平、探索精准营销，避免盲目跟风和低端复制，引进多元投资主体，促进乡村民宿多样化、个性化、专业化发展。鼓励开发具有地方特色的服饰、手工艺品、农副土特产、旅游纪念品等旅游商品。

二、推动文化产业赋能乡村振兴

以文化产业赋能乡村人文资源和自然资源保护利用，促进一二三产业融合发展，贯通产加销、融合农文旅，传承发展农耕文明，激发优秀传统乡土文化活力，助力实现乡村产业兴旺、生态宜居、乡风文明、治理有效、生活富裕，为全面推进乡村振兴、加快农业农村现代化作出积极贡献。[①]

---

① 关于推动文化产业赋能乡村振兴的意见[EB/OL].（2022-04-07）[2025-05-15]. https://www.gov.cn/zhengce/zhengceku/2022-04/07/content_5683910.htm.

1. 文化产业赋能乡村振兴的重点领域

创意设计赋能　引导创意设计企业、平台、工作室及设计师向乡村拓展业务、落地经营，为乡村集体经济组织和各类企业、农民合作社、农户等提供创意设计服务。鼓励创意设计、规划建筑、园林景观等单位积极参与乡村建设，建设各具特色的美丽乡村、美丽庭院，创造宜业宜居宜乐宜游的良好环境。鼓励高校艺术、设计类专业结合教学、科研和社会实践，为乡村建设提供创意设计支持。大力发展创意农业，加强农产品包装、设计和营销，提升农业品牌知名度和农产品文化附加值。鼓励发展特色农业，挖掘特色种植业、林业、畜牧业等文化内涵。

演出产业赋能　依托演出企业、演出团体、艺术院校等机构，充分挖掘地方特色资源，帮助和指导乡村开发演出项目，培养乡村文艺演出队伍，发展提升乡村舞蹈、戏剧、曲艺、游艺、杂技等业态。鼓励依托乡村传统演出团体及其骨干人员，积极开发武术、舞龙、舞狮、锣鼓等特色民俗表演项目。因地制宜发展中小型、主题性、特色类旅游演出项目。

音乐产业赋能　鼓励音乐工作者、音乐企业、音乐院校、音乐类行业组织等深入乡村采风、展演和对接帮扶，加强对乡村传统音乐的创编、提升，创作一批形式多样、内容健康的音乐作品。加强民族民间传统音乐的收集整理和活化利用。提升乐器制造业专业化、品牌化水平，推动乐器生产向乐器文化拓展，鼓励发展音乐培训、互动体验等复合型业态。鼓励有条件的地方发展音乐节、音乐会、音乐园区（基地）等特色项目，打造音乐主题特色文化乡村。

美术产业赋能　发挥美术工作者引领带动作用，支持有条件的地方依托乡土文化传统，突出地方特色，发展壮大、巩固提升美术产业。鼓励各级美术院校、画院、美术馆在具备条件的乡村设立写生创作和展示基地，支持打造乡村摄影基地，提升乡村地区美术产业专业化水平。加大人才培训和扶持力度，把引进外来人才和培养本地人才结合起来，提升农民画师、雕塑师等人才的创作水平。加强乡村美学普及和教育，提升审美水平和人文素养，让欣赏美、追求美、塑造美成为乡村文明新风尚。推动更多美术元素、艺术元素应用到乡村规划建设，鼓励兴办特色书店、剧场、博物馆、美术馆、图书馆、文创馆。

手工艺赋能　实施中国传统工艺振兴计划，推动传统工艺在现代生活中广泛应用。鼓励非物质文化遗产代表性传承人、设计师、艺术家等参与乡村手工艺创作生产，加强各民族优秀传统手工艺保护和传承，促进合理利用，带动农民结合实际开展手工艺创作生产，推动纺染织绣、金属锻造、传统建筑营造等传统工艺实现创造性转化和创新性发展。推动手工艺特色化、品牌化发展，培育形成具有民族、地域特色的传统工艺产品和品牌，鼓励多渠道、多形式进行品牌合作，提升经济附加值。充分运用现代创意设计、科技手段和时尚元素提升手工艺发展水平，推动手工艺创意产品开发。

数字文化赋能　鼓励数字文化企业发挥平台和技术优势，创作传播展现乡村特色文化、民间技艺、乡土风貌、田园风光、生产生活等方面的数字文化产品，规划开发线下沉浸式体验项目，带动乡村文化传播、展示和消费。充分运用动漫、游戏、数字艺术、知识服务、网络文学、网络表演、网络视频等产业形态，挖掘活化乡村优秀传统文化资源，打造独具当地特色的主题形象，带动地域宣传推广、文创产品开发、农产品品牌形象塑造。推广社交电商、直播卖货等销售模式，促进特色农产品销售。

其他文化产业赋能　鼓励各地结合文化资源禀赋和文化产业发展特点，培育打造地方特色鲜明、文化内涵突出、一二三产业有机融合的文化业态。支持特色产业发展，传承弘扬茶、中医药、美食等特色文化，开发适合大众康养、休闲、体验的文化和旅游产品。推进特色文化制造业发展，积极开发传统文化节日用品、特色文化产品。鼓励各地发掘乡村传统节庆、赛事和农事节气，结合中国农民丰收节、“村晚”、“乡村文化周”、“非遗购物节”等活动，因地制宜培育地方特色节庆会展活动。研究推动优秀农业文化展示区建设，鼓励和支持文化工作者深入中国重要农业文化遗产地，挖掘农耕文化中蕴含的优秀思想观念、人文精神、道德规范，不断深化优秀农耕文化的传承、保护和利用。鼓励有条件的地方引入艺术机构，以市场化方式运营具有乡土文化特色的艺术节展。

文旅融合赋能　坚持以文塑旅、以旅彰文，推动创意设计、演出、节庆会展等业态与乡村旅游深度融合，促进文化消费与旅游消费有机结合，培育文旅融合新业态新模式。实施乡村旅游艺术提升计划行动，设计开发具有文化特色的乡村旅游产品，提升乡村旅游体验性和互动性。推动非物质文化遗产融入乡村旅游各环节，支持利用非遗工坊、传承体验中心等场所，培育一批乡村非物质文化遗产旅游体验基地。支持有条件的中国重要农业文化遗产地建设农耕文化体验场所，弘扬优秀农耕文化。鼓励各地加强“中国民间文化艺术之乡”建设，塑造“一乡一品”“一乡一艺”“一乡一景”特色品牌，形成具有区域影响力的乡村文化名片，提升乡村文化建设品质，充分开发民间文化艺术研学游、体验游等产品和线路。全面推进“创意下乡”，有效提升旅游商品开发水平和市场价值。

2. 文化产业赋能乡村振兴的措施

培育壮大市场主体　支持各地培育和引进骨干文化企业，扶持乡村小微文化企业和工作室、个体创作者等发展，鼓励其他行业企业和民间资本通过多种形式投资乡村文化产业。推广“公司+农户”经营模式，鼓励各类农民合作社、协作体和产业联盟在整合资源、搭建平台等方面发挥积极作用。推动建立完善农民入股、保底收益、按股分红等多种利益联结机制，通过“资源变资产、资金变股金、农民变股东”，让农民更多分享产业增值收益。建立文化产业赋能乡村振兴企业库。支持积极参与文化产业赋能乡村振兴的企业申报国家文化产业示范基地。

建立汇聚各方人才的有效机制　各级文化和旅游行政部门要制定政策举措，建立有效机制，引导文化产业从业人员、企业家、文化工作者、文化志愿者、开办艺术类专业的院校师生等深入乡村对接帮扶和投资兴业，带动文化下乡、资本下乡、产业下乡。鼓励各地结合实际，探索实施文化产业特派员制度，建设文化产业赋能乡村振兴人才库。实施文化和旅游创客行动，营造良好创新创业环境，支持文化和旅游从业者、相关院校毕业生、返乡创业人员、乡土人才等创新创业。注重发挥乡村文化和旅游能人、产业带头人、非物质文化遗产代表性传承人、工艺美术师、民间艺人等领头作用，挖掘培养乡土文化人才，培育新型职业农民队伍。鼓励普通高等学校、职业学校、研究机构在乡村设立文化和旅游类实习实践实训基地。

加强项目建设和金融支持　按照自愿申报、动态管理、重点扶持的原则，遴选一批文化产业赋能乡村振兴重点项目，加大支持和服务力度，促进项目落地实施。国家开发银行在符合国家政策法规、信贷政策并遵循市场化运作的前提下，按照“保本微利”的原则，对乡村文化和旅游项目提供包括长周期、低成本资金在内的综合性优质金融服务支持。鼓励金融机构因地制宜、创新产品，通过上门签约、灵活担保、主动让利等多种方式，为乡村文化和旅游经营主体提供信贷支持。引导各类投资机构投资乡村文化和旅游项目。鼓励保险机构开展针对乡村文化和旅游项目的保险业务。

统筹规划发展和资源保护利用　统筹县域城镇和村庄规划建设，通盘考虑土地利用、历史文化传承、产业发展、人居环境整治和生态保护，严禁违规占用耕地和违背自然规律绿化造林、挖湖造景，严格限制林区耕地湿地等占用和过度开发，加强自然环境、传统格局、建筑风貌等方面管控，注重生态优先、有序开发，合理规划布局乡村文化和旅游发展空间。在有效保护的基础上，探索乡村文化遗产资源合理利用的有效机制。将非物质文化遗产保护与美丽乡村建设、农耕文化保护相结合，充分发挥非物质文化遗产代表性项目和代表性传承人作用，合理利用非物质文化遗产资源。鼓励有条件的地方将文化和旅游用地纳入国土空间规划和年度用地计划，在完善审批程序、严格用途管理的前提下，加大对文化产业赋能乡村振兴相关重点设施、项目的用地支持。鼓励通过开展城乡建设用地增减挂钩和工矿废弃地再利用的方式建设文化产业赋能乡村振兴项目。文化和旅游项目中，属于永久性设施建设用地的，依法按建设用地管理；属于自然景观用地及农牧渔业种植、养殖用地的，不改变原用地用途的，不征收（收回）、不转用。结合文化产业赋能乡村振兴项目的业态特点，探索农村一二三产业融合发展用地新方式，依法办理农用地转用和土地征收手续。在村庄建设边界外，办理用地审批手续时，除依法应当以招标拍卖挂牌等方式公开出让的土地外，可将建设用地批准和规划许可手续合并办理，核发规划许可证书，并申请办理不动产登记。按照国家统一部署，探索支持企业和个人通过农村集体经营性建设用地入市的渠道，以出让、出租等方式使用集体建设用地从事文化和旅游经营活动。鼓励乡村文化和旅游项目经营实行长期租赁或先租后让。在符合国土空间规划前提下，鼓励对依法登记的宅基地等农村建设用地进行复合利用，发展乡村民宿、民俗体验、文化创意等业态。

三、开展文化产业赋能乡村振兴试点

促进乡村文化和旅游融合发展，通过部分地区开展文化产业赋能乡村振兴试点，充分发挥县域统筹规划、资源配置作用，形成可复制、可推广的典型经验做法并在全国推广，推动建设宜居宜业宜游和美乡村。[①]

1. 发挥文化和旅游产业的社会效益

加强对新时代乡村美育的实践探索，推动文化艺术元素应用到乡村规划建设，引导创意设计、演出、音乐、美术、手工艺、数字文化、旅游等企业和人才进入乡村，鼓励社会组织积极参与，提升乡村传统产业附加值，带动人文环境整体提升。创新性挖掘活化乡村优秀传统文化资源，运用现代创意设计、科技手段和时尚元素提升农民文化艺术创作水平，通过视频、直播等方式创作展现乡村特色文化、民间技艺、乡土风貌、田园风光、生产生活等方面的数字产品，塑造地域形象。

2. 做强乡村特色文化和旅游产业

要不断丰富乡村文化产品和文娱活动，打造乡村书店、小剧场、博物馆、美术馆、图书馆、文创馆等特色文化场所和品牌，举办音乐节、音乐会、戏剧节、艺术节展等特色活动，推动乐器、文化节日用品、特色文化创意产品生产等品牌化发展。因地制宜培育中小型、主题性、特色类旅游演艺项目。推动传统工艺实现创造性转化和创新性发展，发掘和培育传统节庆、赛事、农事、节气活动，推动非遗工坊、优秀农业文化展示区、农耕文化体验场所建设。培育非物质文化遗产旅游体验基地。开发特色文化旅游等产品和线路。支持建设城乡文化融合发展服务平台，鼓励建设数字文化和旅游体验场所，推广社交电商、直播卖货等销售模式，促进特色产品、优秀文创产品销售。推动乡村特色文化和旅游产品优先列入“多彩中国 佳节好物”文化和旅游贸易促进活动。

---

① 文化和旅游部办公厅　教育部办公厅　自然资源部办公厅　农业农村部办公厅　国家乡村振兴局综合司关于开展文化产业赋能乡村振兴试点的通知[EB/OL].（2023-01-12）[2025-05-15]. https://www.gov.cn/zhengce/zhengceku/2023-01/12/content_5736525.htm.

3. 加强文化和旅游人才队伍建设

要制定支持文化和旅游人才、企业的扶持政策，推动文化和旅游人才深入乡村对接帮扶和投资兴业。营造良好创业创新环境，支持返乡人员、退役军人、乡土人才等创业创新。不断挖掘培养乡土文化和旅游人才，重点支持培养一批政治素质优良，扎根乡村、乐于奉献、服务群众的乡村文化和旅游带头人。开展多层次、多渠道帮扶和培训，提升乡村居民文化素养。开展农村艺术教育实验，加强与普通高等学校、职业学校合作，配合学校设立文化和旅游类实习实践实训基地、中华优秀传统文化实践工作坊，推动师生深入生活、扎根人民。

4. 推动文化和旅游项目建设运营

要发挥社会力量，盘活乡村闲置建筑及设施。要突出农民主体地位，让农民充分参与，从中获益，推动建设多元化、小而美的乡村文化和旅游项目。大力推动文化产业特色乡镇、特色村落建设，推动实施一批具有较强带动作用的特色产业、重点项目。利用开发性金融扶持重点乡村文化和旅游项目建设。鼓励本地金融机构、保险机构因地制宜、创新产品，加强对文化和旅游企业的普惠小微贷款服务水平，为乡村文化和旅游经营主体提供多元化服务。

5. 提升文化和旅游设施效能

要充分利用县级图书馆、文化馆、博物馆、纪念馆、美术馆、非遗馆和乡镇文化站、村级综合性文化服务中心等公共文化设施、人员、组织体系等资源，加强功能融合，提高综合效益。探索引入社会力量开展基层公共文化场所运营。提升乡村文化和旅游设施服务效能，拓展文化和旅游消费项目，增强文化体验感。

6. 统筹利用乡村文化和旅游资源

要挖掘和活化乡土文化资源，保护和传承乡村传统农耕文化、民俗文化。科学划定、严格遵守历史文化保护线、耕地和基本农田红线、生态保护红线，保护好文物古迹、传统村落、民族村寨、传统建筑、农业遗迹、灌溉工程遗产。强化乡村优秀传统文化的保护和传承，支持农村地区优秀戏曲曲艺、少数民族文化、民间文化等传承发展，使历史记忆、地域特色融入乡村建设与维护。

7. 探索文化和旅游产业用地模式

要在合法合规的条件下，探索多种用地方式从事文化和旅游经营活动。推动乡村文化和旅游项目经营实行长期租赁或先租后让。探索对依法登记的宅基地等农村建设用地进行复合利用，发展乡村民宿、民俗体验、文化创意等业态。

四、开展乡村文化振兴行动①

1. “听党话、感党恩、跟党走”宣讲

学习运用“千万工程”经验，深入乡村基层全方位、立体式宣传阐释习近平新时代中国特色社会主义思想，特别是习近平总书记关于“三农”工作的重要论述，以群众喜闻乐见的方式讲好中国故事，弘扬南泥湾精神、红旗渠精神、北大荒精神、塞罕坝精神、脱贫攻坚精神和农垦精神，传承中华传统美德，推进农村移风易俗。运用现代手段和传媒编印农民读本、推荐乡村标语和宣传画、开展文化大篷车下乡巡讲巡演。

2. “粮安天下”农民公益培训

组织基层干部、种粮大户等作为公益宣讲员，面向农民群众讲述各地发展粮食生产、巩固拓展脱贫攻坚成果、推进乡村全面振兴的先进事迹，结合自身经历、身边典型，用易懂好记的语言，讲好稳产保供的战略意义和农民作出贡献的生动故事，宣传粮食安全方面法律法规，强化生态保护、绿色发展和粮食大面积提高单产等技术应用，传递稳粮增收致富信心，激发广大农民群众多产粮、产好粮的内生动力。

3. “爱中华爱家乡”中国农民诗会

组织农民诗词、歌赋、楹联等征集，遴选推介乡村优秀诗歌等文学作品，发掘培育乡村诗人。举办诗歌主题的乡村阅读推广活动，弘扬中华优秀传统文化，引导农民群众以诗歌礼赞祖国、讴歌时代、赞美家乡。以诗歌赋能乡村文化产业发展，培育乡村文化特色品牌，展现新时代新征程“三农”发展取得的伟大成就。

① 农业农村部办公厅　中国文联办公厅关于印发《“大地流彩—全国乡村文化振兴在行动”工作方案》的通知[EB/OL].（2024-03-08）[2025-05-15]. http://www.moa.gov.cn/govpublic/ncshsycjs/202403/t20240308_6451035.htm.

4. “宜居宜业和美乡村”农民文艺作品展

以农民为主体，吸引社会各界文化艺术爱好者广泛参与，通过书法、绘画、图片、短视频、微电影等记录乡土乡情，展现丰收盛景、乡村美景。推介具有乡村特色、充满正能量、深受农民群众欢迎的文艺作品，包括电影、电视、图书、歌曲、纪录片、戏剧、曲艺等，鼓励和扶持“三农”题材作品创作。

5. “新国潮”乡村优秀文化艺术展演

结合各地文化艺术特色，组织乡村歌舞展演、传统音乐人和乡村歌手选拔、志愿者乡村行、说唱移风易俗、“艺术点亮乡村”走进系列、“云中公益”采风、寻找最美乡村匠人、经典文化万里行等文化活动，引导优质文化资源服务乡村，推选展演乡村题材优秀文艺作品，利用新媒体扩大影响力和受众面，提升农民群众综合素质素养，强化乡村治理中德治的润心聚力作用。

5. 实施乡村记忆工程

开展全国乡村文化艺术资源摸底调查，全口径、全门类、全领域进行整理识别和登记建档，形成数据库，分批发布乡村文化艺术保护名录。对农业非遗、传统技艺、手工绝活、特色美食等进行数字化影像记录、复原和保存，采用大数据、人工智能等技术开发沉浸式文化体验产品。拍摄以乡愁记忆为主题的系列纪录片。

7. 乡村文化地图发布

设计开发乡村文化电子地图和出版物，精准标识文化遗产、特色美食、农家民宿、民俗节庆、体育赛事等所在地，汇集形成大众可感知、可触及、可应用的乡村文化导览导航服务，促进乡村文化宣传展示，带动乡村旅游、体验、研学、教育、康养等新产业新业态发展。

8. 乡村大讲堂

组织文化、农史、民俗、艺术等领域专家，结合中国重要农业文化遗产悠久历史和丰富文化资源，通过专家讲解、实物或图片展示、视频动漫演示等多种方式展现乡村经济价值、生态价值、社会价值、文化价值，力求图文并茂、生动有趣、寓教于乐地开展文化科普教育。

9. 农耕农趣农味文化体育活动

坚持农民唱主角，支持各地自主举办庙会、社火、灯会等传统节庆和“村BA”、村跑、“村VA”、村超、村乒、村歌、村钓、村厨、龙舟赛、广场舞、太极拳、舞龙舞狮、传统民间体育等群众性文体活动。合理利用乡村历史文化资源，依托茶马古道、传统村落、农业遗产等举办多站式、体验式文化体育特色活动。开展“农业文化遗产里的中国”宣传展示，做好“万里茶道”宣传推介，组织丰富多彩的二十四节气文化传承活动，推动中华农耕文化进校园、进社区。

10. 乡村文化产业创意大赛

在发掘乡村传统文化内涵和历史传统基础上，融入现代要素、赋予时代内涵、满足多样化需求，开发具有地域特色、民族风情、文化品位的IP（知识产权）符号和商品、服务等。设置品牌策划、创意设计、营销推广、数字化方案等不同赛道，以赛促开发、促合作，吸引各类主体广泛参与，推介优秀文化创意项目和人才，打造高品质“土特产”产品和文化品牌，促进乡村文化创意产业发展。

11. 乡村文化艺术基地培育

组织各地遴选文化基础条件好、发展潜力大的县、乡、村，根据文化资源禀赋条件推动建设农耕文化教育实践基地、研学基地、农业文化展示区，纳入文化产业赋能乡村振兴试点等。探索建立文化帮扶机制，利用乡情乡愁，鼓励引导文艺、教育、体育、学术等各界名人采取一对一、一对多等方式，吸引文化团体、企业积极参与，助力乡村文化资源创造转化、文化产业创新发展。支持各地依托文化资源优势开发富有特色的农文旅融合项目，扩大农村消费。

12. 全国乡村文化艺术展演季

全面总结和系统展示年度乡村文化建设成果，组织从事乡村文化保护传承、产业开发、研究创作、运营管理等领域代表交流研讨，举办农民艺术周、乡村音乐汇，组织乡村文化知识竞赛、传统技艺比赛等，推介乡村文化优秀作品、典型案例、先进人物、创意项目、文化品牌等，组织乡村产销对接、直播带货、美食品鉴等特色活动，办成城乡互动、文化交融的农业嘉年华。

驻村干部管理考核和激励保障，对干出成绩、群众公认的驻村干部优先提拔重用，对身下心不下、不尽责、不胜任的予以召回和撤换，若干年内不得提拔晋升职务职级。

3. 加强农村致富带头人队伍建设

各级党组织要把培养致富带头人、发挥其引领作用作为推动乡村振兴的重要措施，建立农村致富带头人档案，对致富带头人从事行业、生产经营规模、带动农户情况和发展中存在的问题等进行全面摸底，有针对性地做好引导和扶持工作。加强对农村致富带头人的组织培养，将其中的优秀分子发展为党员，力争农村致富带头人中党员比例逐年提高。鼓励引导乡村本土能人、有返乡创业意愿的外出农民工、种植养殖大户、退伍军人、优秀农村生源大中专毕业生以及科技人员等创办领办家庭农场、农民专业合作社、农业企业，县乡村党组织协调有关方面给予项目、资金、技术、信息等支持，力争每个有劳动能力的党员都有致富项目，每个村都有一批党员致富能手。组织致富带头人结对帮带群众，充分发挥农村致富带头人在推动乡村产业振兴中的示范带动作用。围绕本地支柱产业，制定培育农村致富带头人规划和激励措施，力争将示范带动作用突出的农村致富带头人覆盖至每个村组，形成特色区域经济格局。

4. 加强村民小组长和村民代表队伍建设

规范村级党组织对村民小组长的培养管理工作，充分发挥他们在执行村民会议和村委会决定，及时向村委会反映本村村民意见建议等方面的作用。建立村民代表教育培训制度，乡村党组织每年组织对村民代表进行一次轮训，教育其明职明责，积极履职尽责，不断提高议事能力和议事水平。重点指导村民代表发挥“四员”作用：当好党的政策宣传员，把中央和区（市）党委、政府出台的惠民政策用百姓听得懂的语言传递给群众；当好民情民意收集员，通过板凳会、民主恳谈会等方式，结合问需于民、“网格大走访”，认真征集村民提出的意见建议，及时提交村级党组织或村委会，研究解决办法；当好矛盾纠纷调解员，充分发挥人民调解的职能优势，积极做好矛盾纠纷调处化解工作，力争将矛盾纠纷解决在家门口；当好民主议事决策员，通过参加村民代表会议，参与商议事项全过程，实现村级事项决策的民主化、规范化、公开化。充分发挥村务监督委员会民主监督作用，加强对村级事务、财务及“三资”管理情况的监督，严格落实村监会成员补贴制度。

第二节　美丽乡村的村民自治

一、深化村民自治实践[①]

坚持自治为基，加强农村群众性自治组织建设，健全和创新村党组织领导的充满活力的村民自治机制。推动村党组织书记通过选举担任村委会主任。发挥自治章程、村规民约的积极作用。全面建立健全村务监督委员会，推行村级事务阳光工程。依托村民会议、村民代表会议、村民议事会、村民理事会、村民监事会等，形成民事民议、民事民办、民事民管的多层次基层协商格局。积极发挥新乡贤作用。推动乡村治理重心下移，尽可能把资源、服务、管理下放到基层。继续开展以村民小组或自然村为基本单元的村民自治试点工作。加强农村社区治理创新。创新基层管理体制机制，整合优化公共服务和行政审批职责，打造“一门式办理”“一站式服务”的综合服务平台。在村庄普遍建立网上服务站点，逐步形成完善的乡村便民服务体系。大力培育服务性、公益性、互助性农村社会组织，积极发展农村社会工作和志愿服务。集中清理上级对村级组织考核评比多、创建达标多、检查督查多等突出问题。维护村民委员会、农村集体经济组织、农村合作经济组织的特别法人地位和权利。

① 中共中央　国务院关于实施乡村振兴战略的意见[EB/OL].（2018-02-04）[2025-05-15]. https://www.gov.cn/zhengce/2018-02/04/content_5263807.htm.

二、村民自治构建基层治理新格局[①]

1. 规范村级组织工作事务

清理整顿村级组织承担的行政事务多、各种检查评比事项多问题，切实减轻村级组织负担。各种政府机构原则上不在村级建立分支机构，不得以行政命令方式要求村级承担有关行政性事务。交由村级组织承接或协助政府完成的工作事项，要充分考虑村级组织承接能力，实行严格管理和总量控制。从源头上清理规范上级对村级组织的考核评比项目，鼓励各地实行目录清单、审核备案等管理方式。规范村级各种工作台账和各类盖章证明事项。推广村级基础台账电子化，建立统一的“智慧村庄”综合管理服务平台。

2. 增强村民自治组织能力

健全党组织领导的村民自治机制，完善村民（代表）会议制度，推进民主选举、民主协商、民主决策、民主管理、民主监督实践。进一步加强自治组织规范化建设，拓展村民参与村级公共事务平台，发展壮大治保会等群防群治力量，充分发挥村民委员会、群防群治力量在公共事务和公益事业办理、民间纠纷调解、治安维护协助、社情民意通达等方面的作用。

3. 丰富村民议事协商形式

健全村级议事协商制度，形成民事民议、民事民办、民事民管的多层次基层协商格局。创新协商议事形式和活动载体，依托村民会议、村民代表会议、村民议事会、村民理事会、村民监事会等，鼓励农村开展村民说事、民情恳谈、百姓议事、妇女议事等各类协商活动。

4. 全面实施村级事务阳光工程

完善党务、村务、财务“三公开”制度，实现公开经常化、制度化和规范化。梳理村级事务公开清单，及时公开组织建设、公共服务、脱贫攻坚、工程项目等重大事项。健全村务档案管理制度。推广村级事务“阳光公开”监管平台，支持建立

① 中共中央办公厅　国务院办公厅印发《关于加强和改进乡村治理的指导意见》[EB/OL].（2019−06−23）[2025−05−15]. https://www.gov.cn/zhengce/2019-06/23/content_5402625.htm.

"村民微信群""乡村公众号"等，推进村级事务即时公开，加强群众对村级权力有效监督。规范村级会计委托代理制，加强农村集体经济组织审计监督，开展村干部任期和离任经济责任审计。

三、健全基层群众自治制度①

1. 加强村（居）民委员会规范化建设

坚持党组织领导基层群众性自治组织的制度，建立基层群众性自治组织法人备案制度，加强集体资产管理。规范撤销村民委员会改设社区居民委员会的条件和程序，合理确定村（社区）规模，不盲目求大。发挥村（居）民委员会下设的人民调解、治安保卫、公共卫生等委员会作用，村民委员会应设妇女和儿童工作等委员会，社区居民委员会可增设环境和物业管理等委员会，并做好相关工作。完善村（居）民委员会成员履职承诺和述职制度。

2. 健全村（居）民自治机制

强化党组织领导把关作用，规范村（居）民委员会换届选举，全面落实村（社区）"两委"班子成员资格联审机制，坚决防止政治上的两面人，受过刑事处罚、存在"村霸"和涉黑涉恶及涉及宗族恶势力等问题人员，非法宗教与邪教的组织者、实施者、参与者等进入村（社区）"两委"班子。在基层公共事务和公益事业中广泛实行群众自我管理、自我服务、自我教育、自我监督，拓宽群众反映意见和建议的渠道。聚焦群众关心的民生实事和重要事项，定期开展民主协商。完善党务、村（居）务、财务公开制度，及时公开权力事项，接受群众监督。强化基层纪检监察组织与村（居）务监督委员会的沟通协作、有效衔接，形成监督合力。

3. 增强村（社区）组织动员能力

健全村（社区）"两委"班子成员联系群众机制，经常性开展入户走访。加强群防群治、联防联治机制建设，完善应急预案。在应急状态下，由村（社区）"两委"统筹调配本区域各类资源和力量，组织开展应急工作。改进网格化管理服务，

---

① 中共中央 国务院关于加强基层治理体系和治理能力现代化建设的意见[EB/OL].（2021-07-11）[2025-05-15]. https://www.gov.cn/zhengce/2021-07/11/content_5624201.htm.

依托村（社区）统一划分综合网格，明确网格管理服务事项。

4. 优化村（社区）服务格局

市、县级政府要规范村（社区）公共服务和代办政务服务事项，由基层党组织主导整合资源为群众提供服务。推进城乡社区综合服务设施建设，依托其开展就业、养老、医疗、托幼等服务，加强对困难群体和特殊人群关爱照护，做好传染病、慢性病防控等工作。加强综合服务、兜底服务能力建设。完善支持社区服务业发展政策，采取项目示范等方式，实施政府购买社区服务，鼓励社区服务机构与市场主体、社会力量合作。开展“新时代新社区新生活”服务质量提升活动，推进社区服务标准化。

第三节　美丽乡村的法治建设

一、全面推进农业农村法治建设主要任务①

1. 强化乡村振兴法治保障

围绕乡村振兴重点领域和主要任务，依法巩固拓展脱贫攻坚成果，促进乡村产业、人才、文化、生态和组织全面振兴，推动工农互促、城乡互补、协调发展、共同繁荣的新型工农城乡关系加快形成。充分发挥法治对农业农村高质量发展的引领和推动作用，依法强化农业支持保护，保障乡村建设有序开展，持续增加农民收入，促进农业高质高效、乡村宜居宜业、农民富裕富足。

2. 完善农业农村优先发展制度支撑

把农业农村优先发展要求法律化制度化，依法推动干部配备优先考虑、要素配置优先满足、资金投入优先保障、公共服务优先安排。围绕加快农业农村现代化，将行之有效的强农惠农政策措施制度化法定化，营造公平、透明、可预期的农业农

① 农业农村部关于全面推进农业农村法治建设的意见[EB/OL].（2022-10-31）[2025-05-15]. https://www.gov.cn/zhengce/zhengceku/2021-04/28/content_5603529.htm.

村法治环境。加强立法与改革衔接，及时将农业农村重大改革决策、改革成果上升为法律制度，在法治轨道上推动改革不断深化。

3. 着力提高依法行政水平

坚持法定职责必须为、法无授权不可为，全面履行法定职责，把法治作为农业农村部门行政决策、行政管理、行政监督的重要标尺，厘清政府和市场、政府和社会的关系，用法律和制度遏制不当干预经济活动的行为。以提升法治素质为核心，进一步增强农业农村系统领导干部和工作人员尊法学法守法用法意识，提升运用法治思维和法治方式推动工作的能力水平。

4. 深入推进乡村依法治理

坚持以法治保障乡村治理，充分发挥法律法规、村规民约和农村集体经济组织、农民专业合作社章程等的规范指导作用，让依法决策、依法治理成为乡村干部的习惯和自觉。深入开展农业农村法治宣传教育，推动法律知识进村入户，培育办事依法、遇事找法、解决问题用法、化解矛盾靠法的乡村法治环境，积极引导农民群众依法维权和化解矛盾纠纷，维护农村和谐稳定。

二、完善农业农村法律规范体系①

1. 强化重点领域立法

坚持统筹发展与安全，加强粮食安全、种业和耕地、农业产业发展、农村基本经营制度、农业资源环境保护、农产品质量安全等重点领域立法，构建完备的农业农村法律规范体系。围绕依法全面推进乡村振兴和加快农业农村现代化，推动制定乡村振兴促进法、粮食安全保障法、农村集体经济组织法等综合性、基础性法律，加快农产品质量安全法、畜牧法、渔业法、基本农田保护条例、植物新品种保护条例等法律法规制修订进程。推动制修订动物防疫法、野生动物保护法、进出境动植物检疫法、生猪屠宰管理条例等法律法规，研究推动家庭农场等农业经营主体立法。完善配套法规规章和制度措施，增强法律制度的针对性、可操作性。

---

① 农业农村部关于全面推进农业农村法治建设的意见[EB/OL].（2022-10-31）[2025-05-15]. https://www.gov.cn/zhengce/zhengceku/2021-04/28/content_5603529.htm.

2. 健全立法工作机制

落实年度立法计划制度，科学安排农业农村年度立法项目，加强前瞻性研究和项目储备，充分发挥立法计划的统筹引领作用。完善立项、起草、论证、协调、审查工作机制，增强专家、立法拟调整主体和社会公众参与立法的实效性，注重运用新媒体新技术拓宽公众参与立法渠道，广泛听取各方面意见建议，切实提高立法质量。坚持立改废释并举，着力解决部分涉农法律规定该硬不硬、该严不严、该重不重等问题。指导支持各地加强立法交流与协作，突出地方特色，体现农业农村地方性立法的实施性、补充性、探索性，避免越权立法、重复立法。对不适应形势发展和改革要求的法律法规规章，及时修改、废止或提出相关建议。

3. 严格规范性文件合法性审核

全面推行规范性文件合法性审核机制，各级农业农村部门发布的涉及公民、法人和其他组织的权利、义务，具有普遍约束力并在一定期限内反复适用的文件，统一纳入合法性审核范围，不得以征求意见、会签、参加审议等方式代替合法性审核。没有法律、法规或者国务院的决定、命令依据，规范性文件不得作出减损公民、法人和其他组织合法权益或者增加其义务的规定，不得增加本部门的权力或者减少本部门的法定职责。除依法需要保密的外，对涉及群众切身利益或者对公民、法人和其他组织权利义务有重大影响的行政规范性文件，要向社会公开征求意见，期限一般不得少于30天。涉及市场主体经济活动的，还应当按要求开展公平竞争审查。

三、提高农业执法监管能力[①]

1. 实施农业综合行政执法能力提升行动

全面完成农业综合行政执法改革任务，逐步建立农业综合行政执法部省协调机制，完善省市县农业综合行政执法机构体系。建立健全部省市县四级培训体系，组织开展执法大练兵等活动，五年内将所有执法人员轮训一遍；建立农业执法办案指

① 农业农村部关于全面推进农业农村法治建设的意见[EB/OL]. （2022−10−31）[2025−05−15]. https://www.gov.cn/zhengce/zhengceku/2021−04/28/content_5603529.htm.

导机制，组建省级和市级执法办案指导小组；开展农业综合行政执法示范创建，组织执法技能竞赛、执法大比武等活动，培养执法能手，着力打造革命化、正规化、专业化、职业化农业综合行政执法队伍。推动建设部省两级农业综合行政执法指挥中心，完善农业综合行政执法共享信息平台和移动终端系统，推动建设一批地市级罚没有毒有害物品临时存储和销毁场所、涉渔违法违规船舶扣押场所。制定农业执法人员尽职免责制度，协调有关部门完善综合行政执法人员立功奖励以及办案津补贴、接触有毒有害物质补助等职业保障政策。

2. 加大重点领域执法力度

加大农资质量、植物新品种权保护、动植物疫情防控、农产品质量安全、长江禁渔、农机安全生产等重点领域的执法力度。组织开展执法监管年活动，开展打击侵犯农作物品种权、重点水域非法养殖和捕捞、生猪私屠滥宰、农资打假、违法违规用药和非法添加、水生野生动物非法经营利用等专项治理，加大案件查处力度，依法维护良好市场秩序。建立健全跨区域农业执法协作联动机制、跨部门联合执法机制，强化农业综合行政执法机构与行业管理等机构的协作配合，形成执法监管合力。

3. 加强农业行政执法监督

严格落实行政执法公示制度、执法全过程记录制度、重大执法决定法制审核制度，动态调整和发布农业综合行政执法事项指导目录，建立跨区域执法工作随机抽查和交叉评议机制，推进严格规范公正文明执法。完善农业行政执法证件管理制度，加强执法人员资格管理。加强执法案例指导，及时公布有影响力、有震慑力的典型案例。加大执法案卷评查力度，发布优秀案卷。充分利用立法解释和执法答复，及时解决执法办案和复议应诉中的疑难问题。研究制定执法办案成效指标评价体系，将执法办案情况作为衡量改革成效和执法工作的基本标准。

四、提升农业农村普法实效①

1. 深入实施普法规划

制定实施农业农村普法规划。全面落实“谁执法谁普法”责任制，将普法融入农业农村立法、执法和管理服务全过程。加强对新出台农业农村法律法规规章的解读，在充分利用传统有效的普法方式基础上，运用新技术新媒体开展精准普法，加大以案普法力度，提高普法针对性和实效性。

2. 开展重点专项普法活动

组织开展“宪法进农村”活动，推动习近平法治思想和宪法精神深入基层农村，走进农民群众，着力提升基层干部和农民群众法治意识和法治素养。利用中国农民丰收节等重要时间节点，围绕促进乡村振兴，广泛开展社会覆盖面广、农民群众参与度高的特色普法活动，弘扬法治精神，培育法治文化。积极参与国家基本法律专项法治宣传教育活动。

3. 推动法律法规进村入户

建立部省牵头、市县乡村联动机制，培育农村学法用法示范户，开展农村法治教育基地建设工作。注重发挥示范户和法治教育基地在农村普法和乡村治理中的重要作用，开展面向农村、服务农民的普法主题实践活动。统筹运用农村文化礼堂、农家书屋，为农民群众搭建有效学法平台。推动法治文化与民俗文化、乡土文化融合发展，组织编写、创作具有乡村文化特色、群众喜闻乐见的法治文化作品。

五、依法全面履行职能②

1. 坚持依法科学民主决策

各级农业农村部门要健全依法决策机制，重大行政决策要严格落实调查研究、公众参与、专家论证、风险评估、合法性审查、集体讨论决定等程序要求，提升决

① 农业农村部关于全面推进农业农村法治建设的意见[EB/OL].（2022-10-31）[2025-05-15]. https://www.gov.cn/zhengce/zhengceku/2021-04/28/content_5603529.htm.

② 农业农村部关于全面推进农业农村法治建设的意见[EB/OL].（2022-10-31）[2025-05-15]. https://www.gov.cn/zhengce/zhengceku/2021-04/28/content_5603529.htm.

策科学化、民主化、法治化水平。对直接关系农民切身利益、容易引发社会稳定风险的重大决策事项，要先进行风险评估。领导干部要强化依法决策意识，注重听取合法性审查机构、外聘法律顾问或者公职律师的意见，严格遵循法定权限和程序作出行政决策。重大行政决策草案依照法律法规和有关规定应当听取法律意见而未听取的，未经合法性审查或经审查不合法的，不得提交审议、作出决定。

2. 加快转变职能和管理方式

适应新阶段、新要求，切实担负起农业农村部门统筹研究和组织实施“三农”工作战略、规划和政策等职责，加强重大问题统筹和部门间协作配合，依法全面推进乡村振兴、加快农业农村现代化。推行清单管理制度，依照有关法律和规定编制公布农业农村部门权责事项清单、行政许可清单、备案管理事项清单、综合执法事项目录等，规范权力运行，接受社会监督。坚持以公开为常态、不公开为例外，深化农业农村政务公开，依法保障人民群众知情权。

3. 深化“放管服”改革

进一步加大简政放权力度，以企业群众需求为导向，清理整合、取消下放农业行政许可事项，坚决防止以备案、登记、行政确认、征求意见等方式变相设置行政许可。建立健全以“双随机、一公开”监管为基本手段、以重点监管为补充、以信用监管为基础的新型监管机制，对取消下放的审批事项要及时跟进监管，防止出现管理真空。依法规范审批程序，推进行政许可标准化审查。落实证明事项告知承诺制，公布实行告知承诺制的证明事项目录。创新政务服务方式，大力推动许可事项全程电子化办理。完善政务服务监督员和开放日制度，实施政务服务“好差评”制度，畅通企业群众意见沟通反馈机制，打造市场化、法治化、国际化的营商环境，激发涉农市场主体活力创造力。

六、强化农业农村部门依法治理能力①

1. 加强干部法治教育培训

完善农业农村部门领导班子定期学法制度，每年至少举办2次法治专题讲座。把习近平法治思想和《中华人民共和国宪法》、《中华人民共和国民法典》、公共行政法律、涉农法律法规等知识作为农业农村部门干部初任培训、任职培训的重要内容，组织干部通过旁听庭审等活动增强法治意识。各级农业农村部门领导干部要带头尊崇法治、了解法律，带头遵纪守法、依法办事，提高运用法治思维和法治方式推进农业农村现代化的本领和能力，做尊法学法守法用法的模范。

2. 依法化解涉农矛盾纠纷

健全完善农村土地承包经营纠纷调解仲裁体系，及时调处农村土地承包经营纠纷。依法办理涉农信访事项，注重从政策层面预防和化解信访反映的普遍性、倾向性问题，切实维护农民群众、农村集体经济组织和新型农业经营主体等的合法权益。坚持法律效果、政治效果、社会效果有机统一，注重以法为据、以理服人、以情感人，加大农业执法过程中调处化解涉农矛盾纠纷的力度。落实深化行政复议体制改革要求，推进行政复议规范化、专业化、信息化建设，依法公正办理复议案件。

3. 提升涉农突发事件依法处置能力

健全完善重大动植物疫病、农业重大自然灾害、农产品质量安全等各类涉农突发事件预防和应急处理制度，强化监测预警、信息报告、应急响应、恢复重建、调查评估等机制建设，提高涉农突发事件应对法治化、规范化水平。强化依法分级分类施策，加强涉农突发事件日常应急储备和演练，完善处置程序和协调机制，提高依法处置疫情、灾情、渔船和农机安全生产事故等涉农突发事件能力，确保产业安全和生产安全。

---

① 农业农村部关于全面推进农业农村法治建设的意见[EB/OL].（2022-10-31）[2025-05-15]. https://www.gov.cn/zhengce/zhengceku/2021-04/28/content_5603529.htm.

七、打造乡村全面振兴的良好法治环境①

1. 完善乡村公共法律服务

健全乡村公共法律服务体系，加快建设12348公共法律服务热线、中国法律服务网、公共法律服务工作站（室）三大平台，打造综合性、一站式的服务型窗口，为乡村提供普惠优质高效的公共法律服务。进一步加强乡村法律顾问工作，落实一村一法律顾问制度，规范服务内容，创新服务方式，强化工作保障，为农村基层组织和人民群众处理涉法事务提供专业优质便捷的法律服务。充分发挥基层法律服务工作者在提供公共法律服务、促进乡村治理中的作用。加强涉农法律援助工作，逐步将与农民生产生活紧密相关的事项纳入法律援助补充事项范围。鼓励公证、司法鉴定、仲裁等法律服务主动向农村延伸。完善农村留守儿童和妇女、老年人关爱服务体系，健全残疾人帮扶制度。

2. 健全乡村矛盾纠纷化解和平安建设机制

坚持和发展新时代“枫桥经验”，加强诉源治理，畅通和规范群众诉求表达、利益协调、权益保障通道，完善社会矛盾多元预防调处化解综合机制，努力将矛盾化解在基层，做到“小事不出村、大事不出乡”。加强基层人民法院和人民法庭对人民调解工作的指导，完善基层人民调解组织网络，积极发展乡村专职人民调解员队伍，加强对人民调解员法律政策、专业知识和调解技能等方面的培训，充分发挥人民调解在化解基层矛盾纠纷中的主渠道作用。整合矛盾纠纷化解资源力量，促进调解、仲裁、行政裁决、行政复议、诉讼等有机衔接。深化平安乡村建设，建立健全农村社会治安防控体系、公共安全体系，推进乡村“雪亮工程”，探索建立“互联网+网格管理”服务管理模式，提升乡村治理智能化、精细化水平。深化城乡社区警务战略，加强社区和农村警务建设，大力推行“一村一辅警”机制，扎实开展智慧农村警务建设。开展农村突出治安问题专项整治，净化社会环境。加强对社区矫正对象，严重精神障碍患者，刑满释放人员，社区戒毒、社区康复人员等特殊人

① 中央全面依法治国委员会印发《关于加强法治乡村建设的意见》[EB/OL].（2022-10-31）[2025-05-15]. https://www.moj.gov.cn/pub/sfbgwapp/zwgk/appjhgh/202210/t20221031_466389.html.

群的教育监督和服务管理。加强乡村社会心理服务体系建设，健全完善村级心理咨询室，建立经常性社会心理服务机制。推进“青少年零犯罪零受害社区（村）”创建，夯实预防青少年犯罪工作的基层基础。

3. 加快“数字法治·智慧司法”建设

充分运用大数据、云计算等现代信息技术，推进“数字法治·智慧司法”建设，围绕群众需求，提供精准化、精细化的公共法律服务，为法治乡村建设提供信息化、智能化支撑。加强移动端的推广使用，拓展利用移动端开展服务的新形式，实现法治宣传、法律服务、法律事务办理“掌上学”“掌上问”“掌上办”。加快乡镇网上政务便民服务体系建设，构建全流程一体化在线服务平台和便民服务网络，大力推行“最多跑一次”“马上办、网上办、一次办”等便民举措，让农民群众足不出户就能办事、办成事。

4. 深化法治乡村示范建设

以“民主法治示范村（社区）”建设为载体，通过典型示范，引领带动法治乡村建设。突出示范建设质量，完善“民主法治示范村（社区）”建设指导标准，推进“民主法治示范村（社区）”建设科学化、规范化。强化动态管理机制，对已获得“民主法治示范村（社区）”称号的村定期进行复核，对复核不合格的取消“民主法治示范村（社区）”称号。加强“民主法治示范村（社区）”普法骨干培训，提高村干部建设法治乡村的能力。探索建立“民主法治示范村（社区）”第三方评价机制，提高评价考核的客观性，提升示范建设工作水平。

八、“全国民主法治示范村（社区）”建设指导标准[①]

1. 村级组织健全完善

村党组织领导作用发挥明显，全面领导村的各类组织和各项工作，领导和支持村民委员会行使职权，支持和保障村民开展自治活动，保证基层民主法治建设的正确方向。村党组织书记通过法定程序担任村民委员会主任和村级集体经济组织、合

---

① 中央全面依法治国委员会印发《关于加强法治乡村建设的意见》[EB/OL].（2022-10-31）[2025-05-15]. https://www.moj.gov.cn/pub/sfbgwapp/zwgk/appjhgh/202210/t20221031_466389.html.

作经济组织负责人，村“两委”班子成员交叉任职。

村民委员会及村务监督机构等工作制度健全、运行规范、履职尽责。村民委员会自觉接受乡镇人民政府（街道办事处）的工作指导和监督。

村党组织落实全面从严治党要求，党风廉政建设扎实有效，村级组织成员没有受过刑事处罚、存在“村霸”或涉黑涉恶等问题，无违纪违法行为。

2. 基层民主规范有序

村党组织、村民委员会、村务监督机构、村人民调解委员会等村级组织按期换届、程序规范、选风良好，各类代表人数符合法定要求，选举结果符合规定。

通过民主恳谈、民主听证等村民说事、议事的方式，对村工程项目、征地拆迁等重大民生问题开展民主协商，协商过程有记录、协商结果有运用。

村级重大事项决策实行“四议两公开”，决策程序规范，表决、会议等记录完整。村民会议和村民代表会议制度健全，村民代表会议每季度不少于一次，有三分之二以上的组成人员参加方可召开，所作决定应当经到会人员的过半数同意。

及时依法制定和修改村民自治章程、村规民约，程序完整，内容合法，符合实际，执行规范。多种形式推进自治章程、村规民约入户率实现全覆盖。

健全党务、村务、财务公开制度，设有“三务”公开栏。村务、财务一般事项至少每季度公布一次；集体财务往来较多的，财务收支情况应当每月公布一次；涉及村民利益的重大事项应当及时公布。

制定村级小微权力事项清单，建立事项流程图。权力清单、规章制度、运行程序、运行过程、运行结果全程公开。

村民委员会成员应当接受村民会议或者村民代表会议对其履行职责情况的民主评议。民主评议每年至少进行一次，由村务监督机构主持。

3. 法治建设扎实推进

深入宣传习近平总书记全面依法治国新理念新思想新战略，大力宣传宪法法律和党内法规，广泛宣传土地承包、婚姻家庭、赡养继承、生态保护、道路交通安全、劳动保障、农产品质量安全、民间纠纷调解、扫黑除恶等与群众生产生活密切相关的法律法规。

村级组织成员、党员、村民代表带头学法守法，积极参加法治培训。将法治内容统筹纳入县级党委对村党组织书记轮训内容和中央、省、市示范培训内容，统筹纳入其他有关村干部和党员培训内容。

依托现有基层党建或公共文化设施，建设法治公园、法治长廊、法治宣传栏、法治景区等阵地，广泛开展以案普法、以案释法、法治文艺演出、法治讲座等各种形式的法治宣传教育，基本形成群众办事依法、遇事找法、解决问题用法、化解矛盾靠法的良好氛围。

建有功能完备、设施健全的公共法律服务工作室、人民调解室，配有至少一名村法律顾问、一名专职人民调解员。培育一批“法治带头人”“法律明白人”，引导群众依法解决矛盾纠纷。协助做好社区矫正和安置帮教工作，社会治安防控体系完善，“雪亮工程”及相关技防设施齐全，实现无村霸、无黑恶势力、无黄赌毒、无邪教活动、无以拐卖的外籍妇女为妻、无非法收养儿童的目标，社会治安良好。

坚持法德并举，组织开展社会主义核心价值观教育，宣传优秀传统道德文化，传承良好家风家训，培育富有地方特色和时代精神的乡贤文化。持续推进农村移风易俗工作，遏制大操大办、天价彩礼、互相攀比、厚葬薄养等陈规陋习，树立新风正气。

4. 经济社会和谐发展

国家各项惠农利民政策得到落实，依托乡村自然资源、人文禀赋、乡土风情及产业特色，发展形式多样、特色鲜明的乡村传统文化、餐饮、旅游等休闲产业，村民收入持续增加，无贫困人口，经济社会发展在当地处于领先水平。

村公共事务和公益事业健康发展，公共卫生、合作医疗制度完善，村民关系平等和谐，群众安居乐业。

村容村貌绿化、美化、净化，人与环境和谐友好，人居环境明显改善。群众的获得感、幸福感、安全感有效提升，满意度不断提高。

5. 组织保障坚强有力

地方各级党政主要负责人认真落实法治建设第一责任人职责，将民主法治示范村（社区）创建纳入工作目标管理责任制考核，加强经费保障。乡镇（街道）将创建工作纳入年度工作部署，研究解决创建工作中的重大问题，落实专人负责，保障必要投入。

司法行政、民政部门认真履行主管部门职责，创建工作有部署、有培训、有考核。组织、宣传、政法、农业农村、财政等部门发挥职能优势，协同抓好创建工作。

第七章

美丽乡村的科技创新与应用

美丽乡村不仅在于绿水青山的生态底色，也在创新驱动的活力基因。随着科技与农业的深度融合，科技创新已成为推动绿色发展、实现乡村全面振兴的核心动能。聚焦科技创新在美丽乡村建设中的作用，以科技之力重塑乡村生产、生态与生活，聚焦农业科技创新重点领域，以技术创新实现乡村的固碳减排，实现生态美、产业兴、百姓富的乡村全面振兴。

第一节　强化乡村农业绿色发展科技支撑

一、推进乡村科技整体创新

1. 优化农业科技创新战略布局

优化农业科技创新战略布局，支持重大创新平台建设。加快推进种业振兴行动，完善联合研发和应用协作机制，加大种源关键核心技术攻关，加快选育推广生产急需的自主优良品种。开展重大品种研发推广应用一体化试点。推动生物育种产业化扩面提速。大力实施农机装备补短板行动，完善农机购置与应用补贴政策，开辟急需适用农机鉴定“绿色通道”。加强基层农技推广体系条件建设，强化公益性服务功能。[①]

---

① 中共中央　国务院关于学习运用“千村示范、万村整治”工程经验有力有效推进乡村全面振兴的意见[EB/OL].（2024-02-03）[2025-05-15]. https://www.gov.cn/zhengce/202402/content_6929934.htm.

2. 推进农业科技力量协同攻关

以科技创新引领先进生产要素集聚，因地制宜发展农业新质生产力。瞄准加快突破关键核心技术，强化农业科研资源力量统筹，培育农业科技领军企业。深入实施种业振兴行动，发挥“南繁硅谷”等重大农业科研平台作用，加快攻克一批突破性品种。继续推进生物育种产业化。推动农机装备高质量发展，加快国产先进适用农机装备等研发应用，推进老旧农机报废更新。支持发展智慧农业，拓展人工智能、数据、低空等技术应用场景。①

二、全领域推进农业科技装备创新②

1. 加快农业科技创新水平整体跃升

加强国家农业科技战略力量建设，稳定支持农业基础研究和公益科研机构，培育农业科技领军企业，构建梯次分明、分工协作、适度竞争的农业科技创新体系。强化农业基础研究前瞻性、战略性、系统性布局，加快基因组学、预防兽医学、重大病虫害成灾和气象灾害致灾机理等研究突破。改善农业领域国家实验室和全国重点实验室条件，建成一批世界一流农业科研机构和研究型农业高校。加强农业科技成果转化，推动农业主产区与科技创新活跃区深度合作。加强农业知识产权保护和侵权打击。健全公益性和经营性相结合的农业科技推广体系，加强基层农技推广队伍建设。

2. 推动种业自主创新全面突破

深入实施种业振兴行动，加快实现种业科技自立自强、种源自主可控。加强种质资源保护利用，建设国际一流的国家农业种质资源保存、鉴定、创制和基因挖掘重大设施，推进种质资源交流共享。实施育种联合攻关和畜禽遗传改良计划，加快建设南繁硅谷。实施生物育种重大专项，选育高油高产大豆、耐盐碱作物等品种，加快生物育种产业化应用。健全植物新品种保护制度。加强现代化育制种基地建

① 中共中央 国务院关于进一步深化农村改革 扎实推进乡村全面振兴的意见[EB/OL].（2025-02-23）[2025-05-15]. https://www.gov.cn/zhengce/202502/content_7005158.htm.

② 中共中央 国务院印发《加快建设农业强国规划（2024—2035年）》[EB/OL].（2025-04-07）[2025-05-15]. https://www.gov.cn/zhengce/202504/content_7017469.htm.

设，健全重大品种支撑推广体系和种源应急保障体系。

3. 推进农机装备全程全面升级

加强大型高端智能农机、丘陵山区适用小型机械等农机装备和关键零部件研发应用，加快实现国产农机装备全面支撑农业高质高效发展。推进老旧农机报废更新，优化农机装备结构。打造重要农机装备产业集群，建立上下游稳定配套、工程电子等领域相关企业协同参与的产业格局。推进农机农艺深度融合，推动农机装备研发制造、熟化定型、推广应用衔接贯通，实现种养加全链条高性能农机装备应用全覆盖。

4. 促进数字技术与现代农业全面融合

建立健全天空地一体化农业观测网络，完善农业农村统计调查监测体系，建设全领域覆盖、多层级联通的农业农村大数据平台，健全涉农数据开发利用机制。研发具有自主知识产权的智慧农业技术，健全智慧农业标准体系，释放农业农村数字生产力。实施智慧农业建设工程，推动规模化农场（牧场、渔场）数字化升级，培育链条完整、协同联动的智慧农业集群。

三、推进农业绿色技术创新①

1. 推进绿色技术集成创新

加强绿色科技基础研究　深化农业绿色发展基础理论研究，加快突破一批重大理论和工具方法，加强科研基础设施、资源生态监测系统等建设，强化长期性、稳定性、基础性支撑。

开展关键技术攻关　围绕农业深度节水、精准施肥用药、重金属及面源污染治理、退化耕地修复等，组织科研和技术推广单位开展联合攻关，攻克一批关键核心技术，研发一批绿色投入品。

2. 推进技术集成创新

熟化核心技术，推动农业生产数字化、智能化与绿色化改造，组装集成一批不

① 农业农村部　国家发展改革委　科技部　自然资源部　生态环境部　国家林草局关于印发《“十四五”全国农业绿色发展规划》的通知[EB/OL].（2021-12-07）[2025-05-15]. http://www.moa.gov.cn/nybgb/2021/202109/202112/t20211207_6384020.htm.

同品种、不同区域的绿色技术，建立农业绿色发展技术体系。

3. 加快绿色农机装备创制

按照智能、系统集成理念，推动农机装备向模式化、智能化转变。

完善绿色农机装备创新体系　瞄准农业绿色发展机械化需求，以企业为主体、市场为导向，促进产学研推用深度融合。

推动农机装备研发升级　鼓励农机装备企业攻克关键核心技术、基础材料及制造工艺等短板，推动高效节能农用发动机、高速精量排种器、喷雾机喷嘴等重要零部件研发制造，深化北斗系统在农业生产中的推广应用，加快产业化步伐，推动传统农机装备向绿色、高效、智能、复式方向升级。

加快绿色高效技术装备示范推广　稳定实施农机购置补贴政策，将更多支持农业绿色发展机具、智能装备纳入补贴范围，加快绿色机械应用推广。加快绿色农机标准制定，推进农业机械排放标准升级，加快淘汰耗能高、污染重、安全性能低的老旧农机装备。

4. 建设农业绿色技术创新载体

推进农业绿色技术创新平台建设　布局一批国家级、省部级（重点）实验室、农业科学观测实验站，组织现代农业产业技术体系开展绿色技术创新。

引导大型农业企业集团搭建绿色技术创新平台　建立绿色技术创新中心，参与承担国家重大科技专项、国家重点研发计划等。

加快农业绿色发展科技创新联盟发展　集聚科研院校、涉农企业、社会团体等各类创新主体力量，开展产学研企联合攻关，加快突破农业绿色发展技术瓶颈。

四、加快绿色适用技术推广应用①

1. 推进绿色科技成果转化

建立健全农业科技成果评估制度　组织开展农业绿色科技成果第三方评估，重点推进知识产权评议、成果价值评估、技术风险评价等。

① 农业农村部　国家发展改革委　科技部　自然资源部　生态环境部　国家林草局关于印发《“十四五”全国农业绿色发展规划》的通知[EB/OL].（2021-12-07）[2025-05-15]. http://www.moa.gov.cn/nybgb/2021/202109/202112/t20211207_6384020.htm.

建立农业绿色科技成果转化平台　支持农业科研院校建立技术转移中心、成果孵化平台、创新创业基地等。定期公布科技成果和相关知识产权信息，采取研发合作、技术转让、技术许可、作价投资等形式，推动科技成果与绿色产业有效对接。

建立绿色发展科技成果转化激励制度　强化股权和分红激励政策，推动绿色科技成果向生产领域转化。

2. 推进绿色技术先行先试

开展绿色技术应用试验　以国家农业绿色发展试点先行区为重点，探索不同生态类型、不同主导品种的农业绿色发展典型模式。开展农业绿色发展综合试点，选择一批新型农业经营主体，探索节肥节药、废弃物循环利用市场化运行机制。

开展农业绿色发展长期固定观测　布局建设一批观测试验站，完善观测技术装备条件。搭建国家农业绿色发展观测数据平台，开展观测数据分析评价。推进重要农业资源台账建设，摸清农业资源底数。

开展国家农业农村绿色发展监测预警　优化监测点位布局，建立健全农业农村绿色发展全过程监测预警体系，持续实施产地土壤环境、农田氮磷流失、农田地膜残留等监测。

3. 引导小农户应用绿色技术

开展绿色生产技术示范　加强主体培育、科技服务、技术培训、社会化服务，提升小农户生产绿色化水平。

实施科技服务小农户行动　建立健全农业科技社会化服务体系，支持小农户运用优良品种、绿色技术、节能农机等发展智慧农业、循环农业等现代农业。

实施小农户能力提升工程　采取农民夜校、田间学校等形式，开展绿色技术培训，支持小农户开展联户经营、联耕联种，接受统耕统收、统配统施、统防统治等社会化服务，降低生产经营成本。鼓励有长期稳定务农意愿的小农户稳步扩大规模，采用绿色农业技术，开展标准化生产。

第二节　农业科技创新重点领域

一、农业新品种培育[①]

1. 农业新品种培育的主要目标

以种质资源保护为基础、自主创新为核心、供种安全为底线，集中力量破难题、补短板、强优势、控风险，推动育种技术体系迭代升级和生物育种研发应用，抓紧培育具有自主知识产权的优良品种，加快实现重要农产品种源自主可控，筑牢农业现代化的种子基础。

2. 农业新品种培育的重点方向

农业新品种培育的重点方向是：①开展农业种质资源收集引进、保护与精准鉴定，发掘调控产量、品质、耐逆、抗主要病虫害等重要性状的关键基因，解析育种重要目标性状形成的遗传机理，加大农业生物与环境互作模式研究，阐明产量与品质、抗性、资源效率协同提升机制。②研发和拓展具有自主知识产权的精准化基因编辑工具，强化全基因组选择、智能设计等育种关键核心技术开发。③培育高产优质、多抗广适、节本增效的水稻、小麦、玉米等品种及耐盐碱作物品种，高油高产大豆、高产高油短生育期油菜等油料作物品种，以及优质高产多抗广适的经济作物和饲草品种。④培育繁殖力强、饲料转化率高、适应性强、抗病、肉品质优良、生长速度快的生猪品种，高产优质、适应性强、抗病牛羊品种，生产性能高、肉品质好、抗病力强的白羽肉鸡品种，以及优质、节粮、高产特色蛋鸡品种。⑤建立水产动物生殖干细胞精准移植与单性新品种创制技术体系，培育适应高度集约化养殖的速生抗病（逆）优质水产养殖新品种，开展珍贵、濒危水生野生动物繁育技术研究。⑥开发自主可控的智能化种质资源储存、生理生化指标测定、表型数据采集分析以及智慧育种的核心大模型、系统与装备。

---

① 农业农村部关于印发《全国农业科技创新重点领域（2024—2028年）》的通知[EB/OL].（2025-02-14）[2025-05-15]. https://www.gov.cn/zhengce/zhengceku/202502/content_7003703.htm.

二、耕地质量提升①

1. 耕地质量提升的主要目标

建立健全耕地保育关键技术体系，加强黑土地保护、退化耕地治理和盐碱地综合改造利用，促进耕地数量、质量、生态“三位一体”协同提升，以科技创新支撑实现“藏粮于地”，牢牢守住粮食生产的“命根子”。

2. 耕地质量提升的重点方向

耕地质量提升的重点方向是：①探明耕地质量演变规律及主要驱动机制，解析土壤侵蚀、贫瘠化、酸化、盐碱化、板结化、土传病害等障碍消减关键过程与机理，明晰土壤与植物互作、水分养分循环利用、生物多样性维持、生物培肥与碳汇偶联的机理机制。②研发黑土地保护利用、盐碱地综合改造利用、土壤酸化治理、土壤有机质提升、土壤压实板结消减、多熟区连作障碍消减、有害因子去除等关键技术。③研发耕地残膜、有机污染物、新型污染物等消减与绿色阻控技术，以及健康耕地培育与生物多样性恢复技术。④研制新型肥料、功能生物有机肥、土壤复合调理剂、精准高效施肥及水肥一体化等重大产品及其配套装备。⑤研发支撑智慧农业的土壤快检技术，构建数字土壤信息技术体系、天空地一体化监测技术体系，建立健康耕地评价系统与预警预测平台。⑥集成耕地质量与产能协同提升技术模式。

三、农机装备研制②

1. 农机装备研制的主要目标

聚焦大型高端智能农机装备、丘陵山区适用农机装备重点方向，突破一批标志性整机装备和关键零部件，推动物联网、大数据、人工智能等信息技术与农机装备融合应用，不断提升农业物质装备现代化水平。

---

① 农业农村部关于印发《全国农业科技创新重点领域（2024—2028年）》的通知[EB/OL].（2025-02-14）[2025-05-15]. https://www.gov.cn/zhengce/zhengceku/202502/content_7003703.htm.

② 农业农村部关于印发《全国农业科技创新重点领域（2024—2028年）》的通知[EB/OL].（2025-02-14）[2025-05-15]. https://www.gov.cn/zhengce/zhengceku/202502/content_7003703.htm.

2. 农机装备研制的重点方向

农机装备研制的重点方向是：①研究农机装备—动植物—土壤环境互作规律及种植养殖生产调控新原理新方法，开发关键算法、人工智能模型、农业传感器、农机卫星网联技术、高压共轨系统、耐磨低阻入土部件、双结打结器等核心零部件、技术和系统。②研发大马力无级变速拖拉机、新能源拖拉机、高效精量播栽、精准水肥药施用、粮油作物及大宗经济作物高效低损收获等大型高端智能农机。③研发丘陵山地及水田专用拖拉机、山地多功能动力平台、黏重土壤播栽、粮油棉糖果菜茶药等轻简采收、热带作物生产等丘陵山区适用农机装备。④研发设施电动作业及运输、工厂化育秧（苗）、高效嫁接移栽、果蔬高效收获及选择性采摘、环境智能调控、生长信息及病虫害监测等设施种植装备及作业机器人。⑤研发精准饲喂（投饵）、智能巡检、疫苗自动注射、转盘式挤奶、环境智能管控、高效起捕、深远海智能养殖、粪污及尾水处理等畜禽水产养殖装备及作业机器人。⑥研发农产品产地高效净理、节能干燥、分选分级、切制加工、保质储运、畜禽屠宰分割等农产品初加工装备。

四、农作物病虫害防控①

1. 农作物病虫害防控的主要目标

加快揭示主要农作物有害生物暴发成灾机制，加强监测预警技术体系建设，创新绿色防控技术产品，建立综合防控技术体系，有效应对主要农作物重大病虫害发生。

2. 农作物病虫害防控的重点方向

农作物病虫害防控的重点方向是：①探明农业种植结构调整、耕作制度变革、气候条件变化、外来物种入侵等新形势下主要农作物重大病虫害的发生演替规律和灾变机制，阐明植物—微生物—害虫—天敌昆虫四营养级间互作机制，解析作物抗病虫害机制并挖掘抗性资源。②持续创新大区域、长时效、智能化的农作物有害生

① 农业农村部关于印发《全国农业科技创新重点领域（2024—2028年）》的通知[EB/OL].（2025-02-14）[2025-05-15]. https://www.gov.cn/zhengce/zhengceku/202502/content_7003703.htm.

物的检测、监测和预警技术体系。③推动生物防治、植物免疫、信息素防控、理化诱杀、信息迷向及生态调控等技术迭代升级，创制绿色农药、RNA生物农药、信息素诱控剂、微生物农药等新产品。④创新病虫害智能识别技术，研发病虫害智能监测、精准对靶施药等智慧植保新装置新装备。⑤创新农作物抗病虫性评价与抗性治理体系，建立入侵新发突发有害生物的主动防御体系，构建主要农作物重大病虫害全程防控综合技术体系。

五、畜禽水产疫病防控①

1. 畜禽水产疫病防控的主要目标

加快突破重大疫病发生流行的基础理论研究，增强畜禽水产疫病防控关键技术原始创新能力，创制安全高效疫苗新产品，提升重大动物疫病和农业生物安全防控技术水平，支撑保障肉蛋奶、水产品稳定安全供给。

2. 畜禽水产疫病防控的重点方向

畜禽水产疫病防控的重点方向：①开展畜禽水产疫病的病原学与流行病学研究，解析重要疫病的流行传播机制及动物病原耐药性产生、传播和控制机制，揭示重要病原的结构与功能，阐明重要病原—宿主—生境互作机制。②开发和应用基于组学、大数据、人工智能的畜禽水产疫病早期风险评估与预警技术，研发智能监测设备和系统。③突破精准高效疫苗研发、药物分子设计与递送、高效新型佐剂创制、病原快速识别与分子溯源等重大关键技术。④创制基因标记疫苗、mRNA疫苗等安全高效的疫苗新产品，研发疫病快速、高通量的诊断新产品，研发原创兽药、新型中兽药、生物治疗制剂等新产品。⑤集成监测、检疫、免疫、诊断、消毒、无害化处理等关键技术，构建畜禽水产疫病综合防控技术体系，开展重大疫病净化与根除应用示范。

① 农业农村部关于印发《全国农业科技创新重点领域（2024—2028年）》的通知[EB/OL].（2025-02-14）[2025-05-15]. https://www.gov.cn/zhengce/zhengceku/202502/content_7003703.htm.

六、高效种植养殖①

1. 高效种植养殖的主要目标

以粮油棉糖作物大面积单产提升、高效设施种植、畜禽水产集约化养殖为方向，集成创新适应不同生产场景的系统化技术体系，构建绿色智能高效生产模式，显著提升农业综合生产能力，不断提升产业质量效益和竞争力。

2. 高效种植养殖的重点方向

高效种植养殖的重点方向：①解析作物产量、品质与资源利用互作关键过程及其生理生态机理，揭示作物系统高产优质与资源高效协同的机制及调控途径。②突破作物精准栽培、绿色耕作、水肥精准调控、智慧管理等关键技术，创制新型农业绿色投入品。③创建适应不同区域、不同经营主体作物大面积均衡增产提质增效的精准化、智慧化和轻简化种植栽培体系与模式。④探明饲料饲草高效转化和碳氮高效沉积机制，揭示畜禽水产精准饲养营养代谢基础，创新从营养供给到品质形成的全过程营养代谢理论。⑤精准评定饲料原料营养价值和畜禽水产动物营养需要量，攻克非粮饲料资源高值化利用技术与工艺。⑥研制新型饲料资源与安全高效健康养殖绿色投入品，形成“粮—饲”联产增收生产模式，构建绿色节粮低碳养殖综合技术体系。⑦突破高水效农业理论和方法，研发作物高效用水的关键技术，研制适合国情的智慧灌溉装备、抗旱节水产品，构建农业节水监测评价指标体系，创新稻渔综合种养和工厂化循环水利用等新技术新模式。

七、绿色低碳农业②

1. 绿色低碳农业的主要目标

加快农业面源污染防治、农业应对气候变化科技创新，构建生态循环农业技术

① 农业农村部关于印发《全国农业科技创新重点领域（2024—2028年）》的通知[EB/OL]. （2025-02-14）[2025-05-15]. https://www.gov.cn/zhengce/zhengceku/202502/content_7003703.htm.

② 农业农村部关于印发《全国农业科技创新重点领域（2024—2028年）》的通知[EB/OL]. （2025-02-14）[2025-05-15]. https://www.gov.cn/zhengce/zhengceku/202502/content_7003703.htm.

体系，推动投入品减量化、生产清洁化、废弃物资源化、产业模式生态化，不断提升农业可持续发展水平。

2. 绿色低碳农业的重点方向

绿色低碳农业的重点方向是：①解析种养业温室气体排放、面源污染特征机理、迁转规律和源头追溯，建立种养业环境足迹评估方法规则、标准体系和背景数据库。②突破农业面源污染物降存减排与迁移阻控技术。③创新秸秆还田增碳和生物质能等多元利用、粪肥种养循环与农业生态系统控污减排协同等关键技术和产品。④科学评价草原放牧、近海捕捞、大水面生态渔业等畜牧业、渔业生态系统承载能力，开发高效生态增养殖技术和可持续渔业捕捞技术，形成畜牧业、渔业资源精准管理模式。开展近海渔业资源监测评估，发展基于环境DNA、物联网、声学等的新监测评估技术，为主要渔业种类限额捕捞和总量控制提供支撑。⑤开发农业生产温室气体减排新路径，构建气候智慧型技术模式，提升农业生态系统增产增汇减排能力。

八、农产品加工与食品制造①

1. 农产品加工与食品制造的主要目标

突破全加工周期的品质精准调控、资源减损提质和智能高效制造等关键技术瓶颈和装备，构建多元化食物供给体系，增强农业产业链供应链韧性和稳定性，为农业产业发展开辟新领域新赛道。

2. 农产品加工与食品制造的重点方向

农产品加工与食品制造的重点方向是：①开展针对食品制造过程和目标品质要求的农产品原料物质基础演变机制研究，加强食物营养与健康因子作用机理研究。②研究农产品产后生理、病理及环境因子等信息智能感知技术，开发农产品保鲜和储运等减损保质新技术。③开展粮食、油料、畜禽、水产品等农产品加工适应性研究、原料与加工技术的匹配性研究，开发农产品品质数字化表征技术、多维全组分

① 农业农村部关于印发《全国农业科技创新重点领域（2024—2028年）》的通知[EB/OL].（2025-02-14）[2025-05-15]. https://www.gov.cn/zhengce/zhengceku/202502/content_7003703.htm.

适度加工技术。④研究新型食品资源开发技术，集成微生物组学、人工智能、大数据、材料科学与智能制造等前沿技术，创制满足新场景和特殊需求的新一代食品。⑤研究食品工业机器人、自适应交互先进加工技术及装备，研发绿色化、智能化的农产品加工成套技术装备，构建食品数字化设计和制造体系。

九、农产品质量安全[①]

1. 农产品质量安全的主要目标

创新农产品及农业投入品质量安全监测、风险评估、膳食营养等关键技术体系，全面提升农产品质量安全水平，为从田间地头到百姓餐桌的营养健康需求提供更好科技保障。

2. 农产品质量安全的重点方向

农产品质量安全的重点方向是：①开展新型污染物、生物毒素、过敏原等危害物和潜在有害代谢产物靶向筛查与精准确证，阐明安全风险的相关机理。②开展替代蛋白等质量安全与营养功效评价研究，阐明新资源的安全性。③研究农产品中功能性成分的高效识别、深度发掘及活性保持技术，针对特定人群的健康需求，优化推进安全营养农产品组合的膳食方案。④研究多维时空安全、营养与感官品质在线评价、质量控制、真实性检测技术，研发智能化监控、识别、分级的一体化设备及系统，实现名特优新农产品分等分级、真伪鉴别与溯源。⑤构建新型危害物识别元件库，建立农产品质量安全快速检测系统，构建全链条风险因子高效识别与主动防控关键技术体系。

---

① 农业农村部关于印发《全国农业科技创新重点领域（2024—2028年）》的通知[EB/OL].（2025-02-14）[2025-05-15]. https://www.gov.cn/zhengce/zhengceku/202502/content_7003703.htm.

十、乡村发展①

1. 乡村发展的主要目标

聚焦乡村特色产业发展、低碳生态乡村建设、农村人居环境整治、乡村治理等关键技术模式，开发农业多种功能、乡村多元价值，为建设宜居宜业和美乡村提供更多科技供给方案，提高推进乡村全面振兴的效力效能。

2. 乡村发展的重点方向

乡村发展的重点方向是：①研究构建适宜于东部、中西部和东北地区等不同区域、不同经济发展水平的农业农村现代化发展模式和推进路径。②突破特色果蔬、特色油料、糖料作物、食用菌、肉类产品等“土特产”关键技术装备，加强优良品种选育扩繁、高效生产与绿色防控、精深加工、智能分级和冷藏保鲜技术集成创新，推动产业全链条转型升级。③研发适用于不同区域的农村生活垃圾、生活污水、厕所粪污等处理及资源化利用技术模式，建立农村人居环境整治提升监测评估技术体系。④研究低碳生态乡村建设、乡村风貌整治提升、建筑本土化低碳改造设计、村民基础设施防灾减灾能力提升等关键技术，打造高品质低碳乡村。⑤研究乡村治理、文化康养、产业链前后延伸等数字化关键技术，推动信息数据集成共享，助力数字乡村建设升级。⑥集成应用乡村空间布局、产业布局、乡村文旅、宜居住宅等关键技术模式。

第三节　乡村减排固碳

一、推动农业农村减排固碳

加强绿色低碳、节能环保的新技术新产品研发和产业化应用。以耕地质量提

① 农业农村部关于印发《全国农业科技创新重点领域（2024—2028年）》的通知[EB/OL].（2025-02-14）[2025-05-15]. https://www.gov.cn/zhengce/zhengceku/202502/content_7003703.htm.

升、渔业生态养殖等为重点，巩固提升农业生态系统碳汇能力。推动农业产业园区和产业集群循环化改造，开展农业农村可再生能源替代示范。建立健全农业农村减排固碳监测网络和标准体系。[①]

二、乡村减排固碳的重点任务[②]

1. 种植业节能减排

在强化粮食安全保障能力的基础上，优化稻田水分灌溉管理，降低稻田甲烷排放。推广优良品种和绿色高效栽培技术，提高氮肥利用效率，降低氧化亚氮排放。

2. 畜牧业减排降碳

推广精准饲喂技术，推进品种改良。提高畜禽单产水平和饲料报酬，降低反刍动物肠道甲烷排放强度。提升畜禽养殖粪污资源化利用水平，减少畜禽粪污管理产生的甲烷和氧化亚氮排放。

3. 渔业减排增汇

发展稻渔综合种养、大水面生态渔业、多营养层次综合养殖等生态健康养殖模式，减少甲烷排放。有序发展滩涂和浅海贝藻类增养殖，建设国家级海洋牧场，构建立体生态养殖系统，增加渔业碳汇潜力。推进渔船渔机节能减排。

4. 农田固碳扩容

落实保护性耕作、秸秆还田、有机肥施用、绿肥种植等措施，加强高标准农田建设。加快退化耕地治理，加大黑土地等保护力度，提升农田土壤的有机质含量。发挥果园茶园碳汇功能。

5. 农机节能减排

加快老旧农机报废更新力度，推广先进适用的低碳节能农机装备，降低化石能源消耗和二氧化碳排放。推广新能源技术，优化农机装备结构，加快绿色、智能、复式、高效农机化技术装备普及应用。

---

① 国务院关于印发“十四五”推进农业农村现代化规划的通知[EB/OL].（2022-02-17）[2025-05-15]. http://www.moa.gov.cn/ztzl/nyncxdhxczx/202202/t20220217_6388921.htm.

② 农业农村减排固碳实施方案[EB/OL].（2022-06-30）[2025-05-15]. http://www.moa.gov.cn/govpublic/KJJYS/202206/P020220630331656855638.pdf.

6. 可再生能源替代

因地制宜推广应用生物质能、太阳能、风能、地热能等绿色用能模式，增加农村地区清洁能源供应。推动农村取暖炊事、农业生产加工等用可再生能源替代，强化能效提升。

三、乡村减排固碳的重大行动①

1. 稻田甲烷减排行动

以水稻主产区为重点，强化稻田水分管理，因地制宜推广稻田节水灌溉技术，提高水资源利用效率，减少甲烷生成。改进稻田施肥管理，推广有机肥腐熟还田等技术，选育推广高产、优质、低碳水稻品种，降低水稻单产甲烷排放强度。

2. 化肥减量增效行动

以粮食主产区、果菜茶优势产区、农业绿色发展先行区等为重点，推进氮肥减量增效。研发推广作物吸收率高、利用率高的新型肥料产品，推广水肥一体化等高效施肥技术，提高肥料利用率。推进有机肥与化肥结合使用，增加有机肥投入，替代部分化肥。

3. 畜禽低碳减排行动

推动畜牧业绿色低碳发展，以畜禽规模养殖场为重点，推广低蛋白日粮、全株青贮等技术和高产低排放畜禽品种，改进畜禽饲养管理，实施精准饲喂，降低单位畜禽产品肠道甲烷排放强度。改进畜禽粪污处理设施装备，推广粪污密闭处理、气体收集利用或处理等技术，建立粪污资源化利用台账，探索实施畜禽粪污养分平衡管理，提高畜禽粪污处理水平，降低畜禽粪污管理的甲烷和氧化亚氮排放。

4. 渔业减排增汇行动

以重要渔业产区为重点，推进渔业设施和渔船装备节能改造，大力发展水产低碳养殖，推广节能养殖机械。淘汰老旧木质渔船，鼓励建造玻璃钢等新材料渔船，

① 农业农村减排固碳实施方案[EB/OL]．（2022-06-30）[2025-05-15]．http://www.moa.gov.cn/govpublic/KJJYS/202206/P020220630331656855638.pdf.

推动渔船节能装备配置和升级换代。发展稻渔综合种养、鱼菜共生、大水面增殖等生态健康养殖模式技术。推进池塘标准化改造和尾水治理，发展工厂化、集装箱等循环水养殖。在近海及滩涂等主要渔业水域，开展多营养层级立体生态养殖，提升贝类和藻类固碳能力，增加渔业碳汇。在沿海地区继续开展国家级海洋牧场示范区建设，实现渔业生物固碳。

5. 农机绿色节能行动

以粮食和重要农产品生产所需农机为重点，推进节能减排。实施更为严格的农机排放标准，减少废气排放。因地制宜发展复式、高效农机装备和电动农机装备，培育壮大新型农机服务组织，提供高效便捷的农机作业服务，减少种子、化肥、农药、水资源用量，提升作业效率，降低能源消耗。加快侧深施肥、精准施药、节水灌溉、高性能免耕播种等机械装备推广应用，大力示范推广节种节水节能节肥节药的农机化技术。实施农机报废更新补贴政策，加大能耗高、排放高、损失大、安全性能低的老旧农机淘汰力度。

6. 农田碳汇提升行动

以耕地土壤有机质提升为重点，增强农田土壤固碳能力。实施国家黑土地保护工程，推广有机肥施用、秸秆科学还田、绿肥种植、粮豆轮作、有机无机肥配施等技术，构建用地养地结合的培肥固碳模式，提升土壤有机质含量。实施保护性耕作，因地制宜推广秸秆覆盖还田免少耕播种技术，有效减轻土壤风蚀水蚀，增加土壤有机质。推进退化耕地治理，重点加强土壤酸化、盐碱化治理，消除土壤障碍因素，提高土壤肥力，提升固碳潜力。加强高标准农田建设，加快补齐农业基础设施短板，提高水土资源利用效率。

7. 秸秆综合利用行动

坚持农用优先、就地就近，以秸秆集约化、产业化、高值化为重点，推进秸秆综合利用。持续推进秸秆肥料化、饲料化和基料化利用，发挥好秸秆耕地保育和种养结合功能。推进秸秆能源化利用，因地制宜发展秸秆生物质能供气供热供电。拓宽秸秆原料化利用途径，支持秸秆浆替代木浆造纸，推动秸秆资源转化为环保板材、炭基产品等。健全秸秆收储运体系，完善秸秆资源台账。

8. 可再生能源替代行动

以清洁低碳转型为重点，大力推进农村可再生能源开发利用。因地制宜发展农村沼气，鼓励有条件地区建设规模化沼气 / 生物天然气工程，推进沼气集中供气供热、发电上网，及生物天然气车用或并入燃气管网等应用，替代化石能源。推广生物质成型燃料、打捆直燃、热解炭气联产等技术，配套清洁炉具和生物质锅炉，助力农村地区清洁取暖。推广太阳能热水器、太阳能灯、太阳房，利用农业设施棚顶、鱼塘等发展光伏农业。

9. 科技创新支撑行动

系统梳理农业农村减排固碳重大科技需求，加大国家科技计划支持力度。依托现代农业产业技术体系、国家农业科技创新联盟等，组织开展农业农村减排固碳联合攻关，形成一批综合性技术解决方案，补齐农业农村绿色低碳的科技短板。发布农业农村减排固碳技术目录。组建农业农村减排固碳专家指导委员会，加强技术指导、技术培训和技术服务。健全农业农村减排固碳标准体系，制修订一批国家标准、行业标准和地方标准。

10. 监测体系建设行动

完善农业农村减排固碳的监测指标、关键参数、核算方法。统筹中央和地方各级力量，优化不同区域稻田、农用地、养殖场等监测点位设置，推动构建科学布局、分级负责的监测评价体系，开展甲烷、氧化亚氮排放和农田、渔业固碳等定位监测。做好农村可再生能源等监测调查，开展常态化的统计分析。创新监测方式和手段，加快智能化、信息化技术在农业农村减排固碳监测领域的推广应用。

四、乡村减排固碳技术

农业农村减排固碳是实现碳达峰、碳中和的重要措施，农业农村部农业生态与资源保护总站发布的农业农村减排固碳十大技术模式，是当前推进农业农村减排固碳的关键。①

稻田甲烷减排技术　采用高产低碳品种、旱耕湿整、增密控水栽培、施用减

① 农业农村减排固碳十大技术模式发布[N]. 光明日报，2021-11-21.

排肥料等，抑制稻田甲烷的产生，加快甲烷氧化，降低甲烷排放，保障水稻丰产稳产。

农田氧化亚氮减排技术　通过减少氮肥施用、优化施肥方式、改进肥料种类、提高水肥耦合等，有效减少氧化亚氮排放，提升氮肥利用率，降低肥料投入成本，实现增产与减排协同。

保护性耕作固碳技术　利用秸秆地表覆盖、免耕播种，配套应用药剂拌种、种子包衣、化学除草等病虫草害防治技术，减少对土壤的扰动，降低土壤侵蚀，促进蓄水保墒，提高表层土壤有机碳含量，增强土壤固碳能力。

农作物秸秆还田固碳技术　通过秸秆粉碎抛撒、机械还田，配套应用调氮促腐技术，将碳保留在土壤中，增加土壤有机质含量，实现减肥、增产、固碳、降污。

反刍动物肠道甲烷减排技术　以调控日粮营养结构、优化饲料品种、改善粗饲料营养品质、合理使用饲料添加剂为主要手段，降低反刍动物肠道甲烷排放。

畜禽粪便管理温室气体减排技术　采取粪污干湿分离、固体粪便覆膜静态好氧堆肥、液体粪污密闭贮存发酵、粪肥深施还田等方式，降低粪便管理过程中甲烷和氧化亚氮等温室气体的排放。

牧草生产固碳技术　通过对中轻度退化草地切根改良、重度退化草地免耕补播、多年生人工草地混播建植，以及林草复合、灌草结合、草田轮作等，提升草地生产力，提高草地生态系统固碳能力。

渔业综合养殖碳汇技术　采取选择具有碳汇功能的养殖品种，改善生态化养殖设施，构建由鱼类、贝类、藻类和底栖生物等组成的多营养层次综合养殖模式，以收获、沉积等多种途径将碳存储。

秸秆能源化利用技术　通过推广秸秆打捆直燃供暖供热、成型燃料清洁燃烧、热解炭气肥联产等，有效替代生产生活使用的化石能源，减少温室气体排放。

农村沼气综合利用技术　采用厌氧发酵处理有机废弃物，沼气集中供气、发电上网、提纯制备生物天然气，沼渣沼液综合利用，为农村地区提供绿色清洁能源，减少化肥施用，提升土壤固碳能力。

第八章

美丽乡村的数字建设

数字乡村是乡村全面振兴的战略方向，也是建设数字中国的重要内容。随着数字乡村发展行动的深入实施，数字乡村建设取得了积极成效。随着互联网、大数据、云计算、人工智能、区块链等新技术加速演进，产业数字化、智能化、绿色化转型升级的加快推进，进一步改变了农业生产方式、农村治理方式和农民生活方式。以数字技术赋能乡村全面振兴，推动数字乡村建设再上新台阶，全方位提升智慧农业应用水平，建设美丽乡村。

第一节　数字乡村发展战略和重点工程

一、数字乡村的顶层设计

2018年1月，中共中央、国务院印发了改革开放以来第20个、新世纪以来第15个指导“三农”工作的中央一号文件，对实施乡村振兴战略进行了全面部署，《关于实施乡村振兴战略的意见》在塑造美丽乡村新风貌中提出，实施数字乡村战略，做好整体规划设计，加快农村地区宽带网络和第四代移动通信网络覆盖步伐，开发适应“三农”特点的信息技术、产品、应用和服务，推动远程医疗、远程教育等应用普及，弥合城乡数字鸿沟。提升气象为农服务能力。这就成为数字乡村后续政策体系的基础。[①]

① 中共中央　国务院关于实施乡村振兴战略的意见[EB/OL].（2018-02-04）[2025-05-15]. https://www.gov.cn/zhengce/2018-02/04/content_5263807.htm.

美丽乡村建设

2019年1月，中共中央、国务院印发的《关于坚持农业农村优先发展做好“三农”工作的若干意见》提出，实施数字乡村战略。深入推进“互联网+农业”，扩大农业物联网示范应用。推进重要农产品全产业链大数据建设，加强国家数字农业农村系统建设。继续开展电子商务进农村综合示范，实施“互联网+”农产品出村进城工程。全面推进信息进村入户，依托“互联网+”推动公共服务向农村延伸。①

2020年1月，中共中央、国务院印发的《关于抓好“三农”领域重点工作确保如期实现全面小康的意见》提出，依托现有资源建设农业农村大数据中心，加快物联网、大数据、区块链、人工智能、第五代移动通信网络、智慧气象等现代信息技术在农业领域的应用。开展国家数字乡村试点。②

2021年1月，中共中央、国务院印发的《关于全面推进乡村振兴加快农业农村现代化的意见》提出，实施数字乡村建设发展工程。推动农村千兆光网、第五代移动通信（5G）、移动物联网与城市同步规划建设。完善电信普遍服务补偿机制，支持农村及偏远地区信息通信基础设施建设。加快建设农业农村遥感卫星等天基设施。发展智慧农业，建立农业农村大数据体系，推动新一代信息技术与农业生产经营深度融合。完善农业气象综合监测网络，提升农业气象灾害防范能力。加强乡村公共服务、社会治理等数字化智能化建设。发展农村数字普惠金融。③

2022年1月，中共中央、国务院印发的《关于做好2022年全面推进乡村振兴重点工作的意见》提出，大力推进数字乡村建设。推进智慧农业发展，促进信息技术与农机农艺融合应用。加强农民数字素养与技能培训。以数字技术赋能乡村公共服务，推动“互联网+政务服务”向乡村延伸覆盖。着眼解决实际问题，拓展农业农

---

① 中共中央　国务院关于坚持农业农村优先发展做好“三农”工作的若干意见[EB/OL].（2019-02-19）[2025-05-15]. https://www.gov.cn/zhengce/2019-02/19/content_5366917.htm.

② 中共中央　国务院关于抓好“三农”领域重点工作确保如期实现全面小康的意见[EB/OL].（2020-02-05）[2025-05-15]. https://www.gov.cn/zhengce/2020-02/05/content_5474884.htm.

③ 中共中央　国务院关于全面推进乡村振兴加快农业农村现代化的意见[EB/OL].（2021-02-21）[2025-05-15]. https://www.gov.cn/zhengce/2021-02/21/content_5588098.htm.

村大数据应用场景。加快推动数字乡村标准化建设，研究制定发展评价指标体系，持续开展数字乡村试点。加强农村信息基础设施建设。①

2023年1月，中共中央、国务院印发的《关于做好2023年全面推进乡村振兴重点工作的意见》提出，扎实推进宜居宜业和美乡村建设。深入实施数字乡村发展行动，推动数字化应用场景研发推广。加快农业农村大数据应用，推进智慧农业发展。②

2024年1月，中共中央、国务院印发的《关于学习运用“千村示范、万村整治”工程经验有力有效推进乡村全面振兴的意见》提出，持续实施数字乡村发展行动，发展智慧农业，缩小城乡“数字鸿沟”。实施智慧广电乡村工程。鼓励有条件的省份统筹建设区域性大数据平台，加强农业生产经营、农村社会管理等涉农信息协同共享。发展农村数字普惠金融，推进农村信用体系建设。③

2025年1月，中共中央、国务院印发的《关于进一步深化农村改革 扎实推进乡村全面振兴的意见》提出，实施数字乡村强农惠农富农专项行动。④

二、数字乡村发展战略

《乡村振兴战略规划（2018—2022年）》提出，实施数字乡村战略，加快物联网、地理信息、智能设备等现代信息技术与农村生产生活的全面深度融合，深化农业农村大数据创新应用，推广远程教育、远程医疗、金融服务进村等信息服务，建立空间化、智能化的新型农村统计信息系统。⑤

① 中共中央　国务院关于做好2022年全面推进乡村振兴重点工作的意见[EB/OL].（2022-02-22）[2025-05-15]. https://www.gov.cn/zhengce/2022-02/22/content_5675035.htm.

② 中共中央　国务院关于做好2023年全面推进乡村振兴重点工作的意见[EB/OL].（2023-02-13）[2025-05-15]. https://www.gov.cn/zhengce/2023-02/13/content_5741370.htm.

③ 中共中央　国务院关于学习运用“千村示范、万村整治”工程经验有力有效推进乡村全面振兴的意见[EB/OL].（2024-02-03）[2025-05-15]. https://www.gov.cn/zhengce/202402/content_6929934.htm.

④ 中共中央　国务院关于进一步深化农村改革　扎实推进乡村全面振兴的意见[EB/OL].（2025-02-23）[2025-05-15]. https://www.gov.cn/zhengce/202502/content_7005158.htm.

⑤ 中共中央　国务院印发《乡村振兴战略规划（2018—2022年）》[EB/OL].（2018-09-26）[2025-05-15]. https://www.gov.cn/zhengce/2018-09/26/content_5325534.htm.

《数字乡村发展战略纲要》明确指出，数字乡村是伴随网络化、信息化和数字化在农业农村经济社会发展中的应用，以及农民现代信息技能的提高而内生的农业农村现代化发展和转型进程，既是乡村振兴的战略方向，也是建设数字中国的重要内容。《数字乡村发展战略纲要》提出，大幅提升乡村网络设施水平、完善信息终端和服务供给、加快乡村基础设施数字化转型，加快乡村信息基础设施建设；夯实数字农业基础、推进农业数字化转型、创新农村流通服务体系、积极发展乡村新业态，发展农村数字经济；推动农业装备智能化、优化农业科技信息服务，强化农业农村科技创新供给；推广农业绿色生产方式、提升乡村生态保护信息化水平、倡导乡村绿色生活方式，建设智慧绿色乡村；加强农村网络文化阵地建设、加强乡村网络文化引导，繁荣发展乡村网络文化；推动“互联网+党建”、提升乡村治理能力，推进乡村治理能力现代化；深入推动乡村教育信息化、完善民生保障信息服务，深化信息惠民服务；支持新型农业经营主体和服务主体发展、大力培育新型职业农民、激活农村要素资源，激发乡村振兴内生动力；助力打赢脱贫攻坚战、巩固和提升网络扶贫成效，推动网络扶贫向纵深发展；统筹发展数字乡村与智慧城市、分类推进数字乡村建设、加强信息资源整合共享与利用，统筹推动城乡信息化融合发展。①

《“十四五”规划和2035年远景目标纲要》提出，加快推进数字乡村建设。②

《数字乡村建设指南1.0》，提出了数字乡村建设的总体参考架构，具体包括信息基础设施、公共支撑平台、数字应用场景、建设运营管理和保障体系建设等内容。信息基础设施是数字乡村建设的数字底座，公共支撑平台是实现各类数字乡村应用的系统基础，数字应用场景描述了农业农村生产生活各个领域与信息化深度融合的适用情景，建设运营管理为数字乡村工作推进主体提供了多种建设运营模式，

---

① 中共中央办公厅　国务院办公厅印发《数字乡村发展战略纲要》[EB/OL].（2019-05-16）[2025-05-15]. https://www.gov.cn/zhengce/2019-05/16/content_5392269.htm.

② 中华人民共和国国民经济和社会发展第十四个五年规划和2035年远景目标纲要[EB/OL].（2021-03-13）[2025-05-15]. http://www.gov.cn/xinwen/2021-03/13/content_5592681.htm.

保障体系建设为数字乡村建设的顺利实施给出建议。[①]

《“十四五”国家信息化规划》提出，将“数字乡村发展行动”列为十大优先行动之一，完善升级乡村基础设施，发展农村数字经济，推进乡村智慧治理，提升信息惠农服务水平，提升脱贫地区可持续发展能力。[②]

《“十四五”数字经济发展规划》提出，推动数字城乡融合发展。统筹推动新型智慧城市和数字乡村建设，加快城市智能设施向乡村延伸覆盖，完善农村地区信息化服务供给，形成以城带乡、共建共享的数字城乡融合发展格局。[③]

《数字乡村发展行动计划（2022—2025年）》，从8个方面部署了26项重点任务，突出乡村产业振兴，注重社会力量参与，强化农民主体地位，激发乡村发展内生动力。[④]

《2022年数字乡村发展工作要点》提出，加强农业稳产保供信息监测、提高农田建设管理数字化水平，构筑粮食安全数字化屏障；加强防止返贫动态监测和帮扶、优化完善网络帮扶措施，持续巩固提升网络帮扶成效；持续推进乡村网络基础设施建设、推动农村基础设施数字化改造升级，加快补齐数字基础设施短板；夯实智慧农业发展基础、加快推动农业数字化转型、强化农业科技创新供给、提升农产品质量安全追溯数字化水平，大力推进智慧农业建设；深化农产品电商发展、培育发展乡村新业态、强化农村数字金融服务、加强农村资源要素信息化管理，培育乡村数字经济新业态；加强乡村网络文化阵地建设、推进乡村优秀文化资源数字化，繁荣发展乡村数字文化；推进农村党建和村务管理智慧化、提升乡村社会治理数字化水平、推进乡村应急管理智慧化、运用数字技术助力农村疫情防控。提升乡村数字化治理效能；发展“互联网+教育”、发展“互联网+医疗健康”、完善社会保

① 数字乡村建设指南1.0[EB/OL].（2021-09-03）[2025-05-15]. https://www.cac.gov.cn/2021-09/03/c_1632256398120331.htm.

② “十四五”国家信息化规划[EB/OL].（2021-12-28）[2025-05-15]. https://www.gov.cn/xinwen/2021-12/28/5664873/files/1760823a103e4d75ac681564fe481af4.pdf.

③ 国务院关于印发“十四五”数字经济发展规划的通知[EB/OL].（2022-01-12）[2025-05-15]. https://www.gov.cn/zhengce/content/2022-01/12/content_5667817.htm.

④ 数字乡村发展行动计划（2022—2025年）[EB/OL].（2022-01-25）[2025-05-15]. https://www.cac.gov.cn/2022-01/25/c_1644713315749608.htm.

障信息服务、深化就业创业信息服务、推动农村消费升级，拓展数字惠民服务空间；提升农村自然资源和生态环境监测水平、加强农村人居环境数字化治理，加快建设智慧绿色乡村；加强统筹协调和试点建设、强化政策保障和金融服务、加强数字乡村人才队伍建设，统筹推进数字乡村建设。①

《2023年数字乡村发展工作要点》提出，加快补齐乡村网络基础设施短板、持续推动农村基础设施优化升级、稳步推进涉农数据资源共享共用，夯实乡村数字化发展基础；推动粮食全产业链数字化转型、运用数字技术保障国家粮食安全，强化粮食安全数字化保障；持续做好防止返贫动态监测和帮扶、不断增强脱贫地区内生发展动力，提升网络帮扶成效；加快农业全产业链数字化转型、强化农业科技和智能装备支撑，因地制宜发展智慧农业；推进农村电子商务提档升级、培育壮大乡村新业态新模式、深化农村数字金融普惠服务，多措并举发展县域数字经济；营造乡村网络文化繁荣发展环境、推动乡村文化文物资源数字化，创新发展乡村数字文化；加强农村党务政务村务信息化建设、增强农村社会综合治理数字化能力、完善农村智慧应急管理体系，提升乡村治理数字化水平；持续推进“互联网+教育”、持续推进“互联网+医疗健康”、深化农村就业和社会保障信息服务，深化乡村数字普惠服务；推动农村人居环境数字化监管、提高乡村生态保护信息化水平，加快建设智慧绿色乡村；加强政策支持、加强人才支撑、加强标准化建设、加强统筹协调，保障数字乡村高质量发展。②

《2024年数字乡村发展工作要点》提出，提升农村网络基础设施供给能力、加大农村基础设施改造升级力度、加快推进涉农数据资源集成共享，筑牢数字乡村发展底座；强化确保粮食安全数字化支撑、强化防止返贫监测和帮扶举措，以数字化支撑守牢“两条底线”；加强农业科技创新与应用推广、提升农业全产业链数字化水平、以数字技术深化农业社会化服务，大力推进智慧农业发展；加快推进农村电商高质量发展、多措并举推动农文旅融合发展、释放涉农数据要素乘数效应、运用

① 2022年数字乡村发展工作要点[EB/OL].（2022-04-20）[2025-05-15]. https://www.cac.gov.cn/2022-04/20/c_1652064650228287.htm.

② 2023年数字乡村发展工作要点[EB/OL].（2023-04-13）[2025-05-15]. https://www.cac.gov.cn/2023-04/13/c_1683027266610431.htm.

数字技术促进农民增收，激发县域数字经济新活力；加快乡村文化文物资源数字化、丰富乡村公共文化服务数字供给，推动乡村数字文化振兴；稳步推进农村“三务”信息化建设、提升农村社会治理数字化效能、增强农村智慧应急管理能力，健全乡村数字治理体系；着力提升乡村教育数字化水平、持续推进乡村数字健康发展、增强农村数字普惠金融服务实效、加强农村特殊人群信息服务保障，深化乡村数字普惠服务；加强农村人居环境整治数字化应用、提升农村生态环境保护监管效能，加快建设智慧美丽乡村；加强跨部门跨层级协调联动、健全多元化投入保障机制、培养壮大乡村数字人才队伍、推进重点领域标准化建设、讲好新时代数字乡村故事，统筹推进数字乡村建设。①

《数字乡村建设指南2.0》，按照“建什么、怎么建、谁来建”的思路，提出了数字乡村建设框架，具体包括建设内容、建设方法和保障措施。建设内容中乡村数字基础设施、涉农数据资源是基础和前提，还包括智慧农业、乡村数字富民产业、乡村数字文化、乡村数字治理、乡村数字惠民服务、智慧美丽乡村。建设方法和保障措施贯穿整个建设过程始终，是做好数字乡村建设工作的关键。②

《乡村全面振兴规划（2024—2027年）》提出，加快数字乡村建设。完善信息基础设施，实施智慧广电乡村工程，推动基础设施数字化、智能化升级，构建综合信息服务体系。加快管理服务数字化，推进“互联网+”“智慧广电+”政务服务向基层延伸，加强乡村教育、医疗、文化数字化建设。持续实施数字乡村发展行动。③

《2025年数字乡村发展工作要点》提出，进一步完善农村网络基础设施、加快农村基础设施数智化改造、有序推进涉农数据资源集成共享，夯实数字乡村发展基础；完善粮食安全数字化支撑保障、强化防止返贫致贫网络帮扶举措，有力支撑守牢“两条底线”；促进智慧农业技术装备创新应用、提升农业全产业链数字化

① 2024年数字乡村发展工作要点[EB/OL].（2024-05-15）[2025-05-15]. https://www.cac.gov.cn/2024-05/15/c_1717449026412502.htm.

② 数字乡村建设指南2.0[EB/OL].（2024-05-16）[2025-05-15]. https://www.cac.gov.cn/2024-05/15/c_1717449042791246.htm.

③ 中共中央　国务院印发《乡村全面振兴规划（2024—2027年）》[EB/OL].（2025-01-22）[2025-05-15]. https://www.gov.cn/zhengce/202501/content_7000493.htm.

水平，加快推进智慧农业发展；推动农村电商高质量发展、因地制宜推动农文旅融合发展、运用数字技术促进农民就业增收，壮大乡村新产业新业态；推进乡村文化文物资源数字化、加大乡村公共文化服务数字化供给，繁荣发展乡村数字文化；持续推进农村“三务”信息化建设、提升农村社会治理数字化水平、增强农村智慧应急管理能力，提升乡村数字治理效能；持续提升乡村教育数字化水平、持续推进乡村数字健康发展、持续深化农村数字普惠金融服务、强化农村特殊人群信息服务保障，深化乡村数字普惠服务；深化农村人居环境整治数字化应用、提升农村生态环境保护监管效能，推进智慧美丽乡村建设；加强数字乡村跨部门跨层级协同联动、实施数字乡村强农惠农富农专项行动、完善数字乡村多元化投入保障机制、多措并举培育壮大数字乡村人才队伍、营造数字乡村发展良好环境，统筹推进数字乡村建设。①

三、数字乡村发展重点工程②

1. 乡村基础设施数字化改造提升工程

继续实施无线数字化覆盖工程　推进农村地区中央广播电视节目无线数字化覆盖，满足广大人民群众收看收听数字广播电视节目的需求。

推进农村地区中小型水利设施智能化改造　完善雨水情测报和工程安全监测体系，全面提升中小型水利工程的信息感知能力，落实工程安全管理责任制，充分利用信息技术手段，逐步推进农村地区中小型水利工程全生命周期的仿真运行管理，实现智能化、自动化监管。

2. 智慧农业建设工程

建设国家农业农村大数据平台　改造提升农业农村云基础设施，升级完善农业农村数据采集系统，建设农业农村数据“一张图”和农业农村大数据分析通用系统。

① 2025年数字乡村发展工作要点[EB/OL].（2025-05-13）[2025-05-15]. https://www.cac.gov.cn/2025-05/13/c_1748846147356189.htm.

② 数字乡村发展行动计划（2022—2025年）[EB/OL].（2022-01-25）[2025-05-15]. https://www.cac.gov.cn/2022-01/25/c_1644713315749608.htm.

建设国家数字农业农村创新中心　围绕关键共性技术攻关、战略性前沿性技术超前布局、技术集成应用与示范，建设国家数字农业农村创新中心和分中心。

建设国家数字农业创新应用基地　在数字化水平领先的地区，建设一批国家数字农业创新应用基地，对接国家数字农业农村创新中心和分中心，实现相关技术产品集成应用、中试熟化、标准验证、示范推广等，推进数字技术在农业生产经营中的综合应用和集成示范。

3. 农村电商优化升级工程

深入推进“互联网+”农产品出村进城工程　发挥“互联网+”在推进农产品生产、加工、储运、销售各环节高效协同和产业化运营中的作用，培育出一批具有较强竞争力的县级农产品产业化运营主体，完善农村物流配送体系，健全适应农产品网络销售的供应链体系、运营服务体系和支撑保障体系。

持续实施“快递进村”工程　在县乡两级基础上进一步延伸服务网络，推进直投到村，鼓励采用邮快合作、快快合作、驻村设点、交快合作、快商合作等多种方式。建设农村邮政普遍服务惠农公共平台，推动有条件的地区建设村级寄递物流综合服务站，培育邮政服务农特产品出村进城项目和快递服务现代农业金牌项目。

4. 乡村数字治理体系打造工程

开展乡村治理数字化建设　加快推进农村地区数字基础设施、系统平台和应用终端建设，强化系统集成、数据融合和网络安全保障。因地制宜加强农村地区便民服务软件建设，提高乡村治理数字化、智能化、便捷化水平。推进农村地区数据资源整合，实行一次综合采集、多方共享利用。

推进农村地区“智慧法援”建设　推进“云公共法律服务中心”“云律所”建设，利用远程视频系统为农村地区提供线上法律援助、咨询等服务。支持在每个行政村设立法律援助联络点，依托村（居）法律顾问和法律明白人设立联络员，配备实现宽带接入的计算机、打印机、复印机等设备设施。定期组织对法律援助联络员的业务培训，提升法律援助服务能力。

巩固提升农村地区公共安全视频图像信息系统建设　积极推进农村公共安全视频图像信息系统建设和智能化示范应用。充分发挥公共安全视频图像信息系统基础平台和海量视频资源优势，探索在维护国家安全和社会稳定、农村治安防控和社会治理、生态建设与保护、疫情防控和防灾减灾等方面的智能应用。

构建农村地区智慧化气象灾害预警体系　构建由地面观测调查、无人机摄影测量、雷达监测以及卫星遥感等综合互补的一体化、智慧化农业农村气象灾害观测探测体系。发展精细化、动态化农业气象灾害预报预警技术和农用天气预报技术，面向农业农村气象灾害高风险区域、灾害高敏感对象，建立灾害影响速判决策支撑系统。

推进农村地区应急广播主动发布终端覆盖　聚焦基层应急广播主动发布终端建设，做强应急广播“最后一公里”，建设质量高、抗毁灭能力强的应急广播大喇叭主动发布终端，推动应急信息精准传递。

5. 乡村文化设施和内容数字化改造工程

深入推进乡村核心文化资源数字化　汇集乡村文物、非物质文化遗产、地方戏曲剧种、农耕文明遗址等数据资源，丰富中国文化遗产标本库，实现乡村核心文化资源的数字化保存。

实施云上民族村寨工程　在全面普查基础上，对已命名的中国少数民族特色村寨进行数字化留存，建立涵盖特色村寨基本信息、历史文化、民族记忆、虚拟现实/增强现实（VR/AR）展示、影像资料、相关规划、保护机制等信息的数据库，建设形成智慧村寨数据平台和信息管理系统。

6. 乡村生态和人居环境数字化管理提升工程

深化农村环境质量监测点位覆盖　明确农村环境监测范围，选择全国有代表性的500个重点监控村庄和2500个一般监控村庄，开展环境空气、地表水、土壤、生态质量监测，基本实现全国区县级农村环境质量监测点位全覆盖。

补齐农业面源污染监测短板　通过农业面源污染入水体量监测和小流域农业面源污染野外定位观测相结合，拓展全国农业面源污染监测范围。

加强农村地区饮用水重点监测　推进重点监管对象常规监测，开展农村千吨万人饮用水水源地水质、日处理能力20吨及以上的农村生活污水处理设施出水水质以及灌溉规模10万亩及以上的农田灌溉水水质监测，不断加强农村环境质量监测工作。

7. 乡村惠民便民服务提升工程

深入实施全国中小学教师信息技术应用能力提升工程　依托现有各类教育资源平台，开发集教师能力测评、学习资源精准推送、学习效果跟踪反馈为一体的功能应用，分层分类汇聚优质学习资源，供包括农村教师在内的所有教师自主选择使用，不断提高农村教师信息化教学能力和信息素养。扩大人工智能助推教师队伍建设试点行动，构建利用智能技术支持教师发展、优化教师管理的新模式。

开展县域远程医疗专网建设　建立县域一体化远程医疗服务平台，通过覆盖县级医院的远程医疗专网，集合远程会诊、远程培训、双向转诊、互联网诊疗等功能，支撑县域医疗共同体的整体运行和协同。县域远程医疗专网逐步与国家级、省级、地市级医院远程医疗系统联通。鼓励在县级医院统一建立互联网医院，有条件的地区可将互联网诊疗平台向乡镇卫生院和村卫生室延伸。

实施金融科技赋能乡村振兴示范工程　推动构建“线上线下打通、跨金融机构互通、金融与公共领域融通”的新型服务渠道，建立“一点多能、一网多用”的惠农综合服务平台，推出“惠农版”“大字版”“民族语言版”等智慧金融App，提升农村居民金融服务普惠水平。加大供应链金融服务供给力度，实现金融服务对农业重点领域和关键环节的“精准滴灌”。加快金融与民生系统互联互通，建立健全农村金融标准规则体系和风险联防联控机制，全面提升“三农”资金与信息安全水平。

第二节　数字乡村的建设内容

一、乡村数字基础设施[①]

1. 加快乡村信息基础设施延伸拓展

信息基础设施建设是数字乡村建设的前提和基础。一是补齐乡村网络基础设施

① 数字乡村建设指南2.0[EB/OL].（2024−05−16）[2025−05−15]. https://www.cac.gov.cn/2024−05/15/c_1717449042791246.htm.

短板。将网络基础设施的建设重点从农村生活场景延伸至生产经营场景，因地制宜采用移动通信网络、宽带网络、卫星网络和窄带物联网（NB-IoT）等多种方式，加强农业生产、加工、流通等区域的网络覆盖，满足农业农村用网需求。加快推动“宽带边疆”建设。鼓励市场主体积极推进北斗导航地面配套设施建设，加大农业生产区域北斗时空基准服务网络覆盖。积极开展电信普遍服务和农村地区4G基站补盲建设，推动实现边境地区移动信号全覆盖，逐步推进5G和千兆光纤网络向有条件有需求的乡村延伸。二是建强农村广播电视基础设施。结合智慧广电乡村工程和智慧广电固边工程，对农村及边疆地区有线广播系统和有线电视网络进行升级改造，增配各类智能终端，建设智慧化播控平台，加快农村有线电视网络数字化转型，加快应急广播体系建设，加快推进直播卫星标清终端向高清超高清终端升级，推广普及直播卫星高清超高清终端。

2. 协同推进传统基础设施数字化升级

通过新一代信息技术对传统基础设施进行数字化改造，提升原有基础设施服务能力，为农民生产生活提供更为便利的条件。一是推进农村公路数字化。结合“四好农村路”建设，持续提升农村公路路况自动化检测比例，深化检测评定数据在农村公路养护计划、预算安排、绩效考核等方面的应用。利用信息化创新农村公路管养模式，结合“路长制”，探索通过应用程序（App）、小程序等手段实现公路基础设施的日常巡检、事件上报、养护施工、验收结算、统计分析等全过程数字化。严格做好普通省道和农村公路“以奖代补”考核支撑系统的数据填报，扎实开展农村公路“一路一档”信息化试点。二是推进农村水利数字化改造。智能化改造农村地区中小型水利设施，完善小型水库雨水情测报和大坝安全监测体系。结合小水电绿色改造与现代化提升，开展小水电站集控中心建设。将已建的相关系统与农村水利水电管理信息系统进行互联互通。扎实推进数字孪生灌区先行先试建设，做好大中型灌区等信息上图工作。三是推进农田数字化建设。开展农田建设数字化管理，依托全国农田建设信息化管理平台，充分发挥自然资源“一张图”作用，将农田建设项目立项、实施、完工、验收等全流程信息上图入库和统一管理，对建设、管护、利用等全环节实现有据可查、全程监控、协同管理，构建农田基础数据库。推进数字技术在农田建设与管理中的应用，基于各类智能控制设备，完善农田新型基础设施，因地制宜建设一批农田智能监测与巡查设施、智慧水肥一体化管控设备、无人化作业设备等，提高农田数字化管理水平。充分利用全国现有耕地质量调查监测站点、耕地质量科学试验观测点、第三次全国土壤普查地面样点等，建立耕地质量长期定位监测点网络，布设智能监测设备，基于天空地一体化监测大数据资源，结合数字孪生、人工智能等深度分析技术，准确掌握耕地质量退化、农田因灾毁损等发生情况。四是推进农村电网数字化改造。有条件地区可稳步推进智能配电网建设，提升农村电网分布式可再生能源承载能力，保障农业生产、乡村数字经济、农民消费升级的用电需求，结合清洁供暖等需求加快农村电网升级改造。做好农村电网规划与充电基础设施规划的衔接，结合乡村自驾游发展加快公路沿线、乡村客运站等场所充电桩建设。五是推进农产品冷链物流数字化建设。支持和引导邮政快递、供销合作社、电子商务、商贸流通、物流企业、农业产业化龙头企业等主体在具备条件的地区加强农产品冷链物流数字化建设，改造提升现有产地设施的数字化水平。鼓励企业加大温湿度传感器、无线射频识别（RFID）电子标签及自动识别终端等物联网设备以及自动化设备的安装与应用力度。鼓励龙头企业、行业协会、第三方数据平台等搭建市场化运作的冷链物流信息平台，整合共享市场和信息资源，积极与各级各类公共农产品市场、电商平台、冷链物流信息平台对接，为仓储保鲜、分拣配送、冷藏加工等业务提供平台组织支撑。六是推进产地农产品追溯数字化。支持有条件的地区对列入国家农产品质量安全追溯目录的农产品追溯加强数字化建设。鼓励应用5G、区块链、物联网、地球遥感等技术采集、记录产地农产品生产信息、投入品使用信息和承诺达标合格证开具信息，应用电子耳标、生物芯片、RFID芯片等先进的防伪技术，确保追溯信息真实性。

二、涉农数据资源①

1. 加强数据汇聚治理

加快完善乡村数据资源目录体系，实行动态管理。利用航空航天遥感设备、

① 数字乡村建设指南2.0[EB/OL]. （2024-05-16）[2025-05-15]. https://www.cac.gov.cn/2024-05/15/c_1717449042791246.htm.

测绘无人机、农业物联网和各类传感终端，推动涉农数据资源天空地一体化自动采集。推动主体、资源、产品等各类涉农数据汇聚共享、统一赋码，实现“一数一源、一源多用”。

2. 促进数据开放共享

健全协同推进工作机制，加强数据安全管理，形成各部门各单位间数据横向打通、纵向贯通的格局。以县域为单位，按照国家、省、市要求，发挥全国一体化政务服务平台的数据共享枢纽作用，构建多源、多级、多专题的乡村基础数据库，实现县域内农业农村数据资源与商务、民政、公安、气象、水利、市场监管、自然资源、生态环境、住房城乡建设、交通运输、应急管理等多部门涉农数据资源的共享。逐步探索建立省、市、县三级数据开放共享机制，省、市平台提前规划设计好各类数据接口，县级部门作为省、市系统平台的数据采集和使用终端，避免县县建平台形成新的数据孤岛。

3. 强化数据开发利用

充分利用地形级、城市级、部件级实景三维数据，统筹数据开发利用和数据安全保护，开发满足数字乡村发展需求的数据产品和应用，充分发挥数据资源价值，探索开展涉农公共数据授权运营，建立涉农公共数据资源登记制度和授权运营情况披露机制，释放市场创新活力，提高涉农数据资源开发利用水平。加强对农村地区房屋、道路、水系、景观、绿化等公共生活的空间布局、建设质量、利用情况等数据的动态监测与分析，为乡村建设提供数据支撑。积极推进耕地种植用途管控试点，利用数字化管理工具加强耕地“非农化”、永久基本农田“非粮化”监管。深入推进农产品市场价格监测预测体系建设，强化市场信息发布，鼓励支持编制和发布优势特色农产品价格指数。围绕农业生产和农民生活的实际需求，面向金融信贷、农业保险等领域，充分发挥全国一体化融资信用服务平台网络作用，逐步建立健全涉农数据与银行保险机构公益性共享机制，利用全要素全产业链的数据支撑解决农户投保理赔、信用评价、抵押贷款等难题。鼓励涉农企业开展数据管理国家标准（DCMM）贯标，提升数据管理意识和数据开发利用水平。

三、智慧农业[①]

1. 大力推进种植业数字化转型

综合集成、推广应用现代信息技术，分不同地区、不同作物类型，对耕种管收全过程进行数字化改造，实现精准管理，促进作物健壮生长和单产提升。一是加快数字技术在粮食、棉花、油料、糖料、蔬菜等大田作物上的推广应用。加强数字技术与农机农艺的融合，加强智能农机装备的开发和利用，大力推进北斗导航、物联网等数字技术在农机上的应用，提高农机精准作业水平。按照国家有关标准要求推进农机定位与国家环保平台联网，提升农机排放数字监管水平。推进智慧灌溉建设，在灌溉设施设备基础上加装智能控制设备，因地制宜推进智慧水肥一体化技术。利用数字技术提升种植面积及苗情、墒情、灾情和病虫情“四情”监测预警、调度指挥能力和防灾减灾水平，加快精准施肥施药技术、农用无人驾驶航空器的推广应用。集成应用互联网、大数据、云计算、人工智能、区块链等现代信息技术，积极探索打造智慧农场等应用场景。二是加快发展数字化现代设施种植。利用环境监控、自动控制装置等技术手段对日光温室、连栋温室等进行数字化、智能化改造，加快水肥一体化技术普及。对规模化、现代化植物工厂、垂直农场，推广物联网、人工智能、机器人等现代信息技术，加快算法模型国产化，大幅提高单产。三是加快推进果茶桑胶等经济作物种植数字化。加强小型农机适应性智能化改造和推广应用，利用小型气象站、虫情监测装置、智能化灌溉、图像识别等现代信息技术和装备，建设智慧果园、茶园、桑园、胶园，提高作物种植的数字化、智能化水平。

2. 持续提升规模化畜禽养殖数字化水平转型

畜禽养殖规模化加快推进，设施设备数字化水平快速提升，可推动畜牧养殖向高效化集约化转型。一是推进规模化养殖场数字化改造。推动在现有规模化养殖场配备精准饲喂、自动饮水、电子识别、状态监测、疫病防控、粪污清理等设备

① 数字乡村建设指南2.0[EB/OL].（2024-05-16）[2025-05-15]. https://www.cac.gov.cn/2024-05/15/c_1717449042791246.htm.

及控制系统。应用环境自动监测、自动通风、清洗消毒、除臭、降温、湿度调节设备以及智能控制系统，实现和完善智能环境监测与控制。二是发展生猪家禽立体化数字化养殖。因地制宜建设立体多层养殖圈舍，配备全流程高效生产设备和智能化管理系统，实现从母猪到出栏育肥猪全过程封闭式饲养。鼓励在叠层笼养的封闭式蛋禽、肉禽圈舍，配备精准饲养管理、育雏、疫病防控、环境控制、废弃物处置、禽蛋收集和分级包装等智能化设备。三是发展牛羊等数字化养殖。在智慧养殖圈舍方面，配备自动喷淋、环境控制、自动饲喂等数字化设施设备，推进智能项圈、计步定位、自动计量、个体识别等物联化设备改造，实现畜舍环境智能调节、健康监测、疫病防控、进食数据分析等精准管理。在智能挤奶方面，加强奶厅、挤奶、储运等设施设备物联化、智能化升级改造，配置自动挤奶、自动计量、质量在线检测、快速冷却等设施设备，实现挤奶数据自动采集与分析。

3. 加快推进渔业数字化转型

积极推进传统养殖水域的数字化改造，大力发展工程化池塘养殖、工厂化循环水养殖、深远海养殖和智慧海洋牧场等现代设施渔业，推动渔业向信息化、智能化、现代化转型升级。一是加快工程化池塘养殖设施数字化升级。以水产养殖大县为重点，应用水体循环净化、养殖环境监控、精准投喂、智能增氧、鱼群生长监测、疾病预警与远程诊断、苗种、渔用兽药等投入品在线录入等技术和设备改造传统池塘养殖场，推动池塘养殖数字化、智能化，提高水产养殖效益。二是因地制宜发展工厂化循环水养殖。利用传感器和智能控制器，对养殖环境进行实时监测与控制。利用图像识别、红外传感器、水下摄影机等监测养殖对象生长情况，实现精准投喂和疾病智能诊断。配置循环水处理设备、自动巡检机器人、成鱼养殖系统、投入品使用管理系统等设施，提升工厂化养殖智能化水平。三是推进海水养殖和捕捞数字化。建设海上牧场、“蓝色粮仓”，积极发展技术成熟、经济适用的重力式网箱养殖，适度发展桁架类网箱和养殖工船，逐步推动水产养殖向深远海拓展，配备养殖自动控制和数字化管理系统、海水养殖环境监测系统、病害预防诊疗管理系统、自动化投喂系统、成鱼自动搜捕系统、自动升降网箱、网衣智能巡检清污等设备。建设可视化、信息化、智能化海洋牧场。推广渔船卫星通讯、北斗导航定位、鱼群探测、防碰撞、电子渔捞日志、智能渔网具等船用终端和数字化捕捞装备，实现海洋渔船实时监控和精准捕捞。推进沿海伏季休渔、长江禁渔信息监管和智慧渔港建设。

4. 加快提高农业社会化服务数字化水平

大力发展农业社会化服务，鼓励支持社会化服务主体利用数字技术和智能装备开展服务，拓展政策、技术、市场等信息服务，促进小农户与现代农业发展有机衔接。一是提升社会化服务主体数字化服务能力。利用互联网手段和信息化技术，为小农户提供农产品追溯、标准化生产、技术集成、农机作业及维修、疫病防控、农业废弃物资源化利用、农产品营销、仓储物流和初加工等方面的定制化、精准化、专业化服务。二是创新农事数字化服务模式。利用智能农机跨区作业调度系统、农产品冷链加工等共享数字平台，探索新型数字化农业生产服务方式，大力发展代耕代种、代管代收、技术集成等社会化服务。

四、乡村数字富民产业①

1. 促进农村电商高质量发展

实施农村电商高质量发展和“互联网+”农产品出村进城工程，深化电子商务进农村综合示范，加快畅通农产品上行与工业品下行的双向流通渠道，全面提高农村电商发展水平。一是不断扩大农村电商覆盖面。引导帮扶农民合作社、家庭农场、农户等充分利用电商平台、直播平台、新媒体平台推广销售农产品。支持运用电商大数据洞察市场需求，指导农产品“网货”开发。支持地方大力培育农产品品牌，开展数字化营销，带动特色产业加快发展。二是推动农产品供应链数字化升级。依托农业产业化龙头企业、农民合作社、产业协会、电商企业等，建立健全县级农产品产业化运营主体，引导其牵头联合全产业链各环节市场主体、带动小农户，打造优质特色农产品供应链，加强供应链管理和品质把控，提高市场竞争能力。推动农产品加工数字化，集成应用自动分拣、品质检测、包装机器人、追溯管

① 数字乡村建设指南2.0[EB/OL].（2024-05-16）[2025-05-15]. https://www.cac.gov.cn/2024-05/15/c_1717449042791246.htm.

理等智能设备，提升农产品保鲜、烘干、清洗、检测、分级、包装等加工环节装备数字化水平。推进农产品批发市场转型升级，鼓励农产品流通企业开展信息化、智能化改造，带动供应链上下游主体数据互联互通。三是推动农村电商支撑服务体系升级改造。加快贯通县、乡、村电子商务和快递物流配送体系。县级电子商务公共服务中心可配备供应链管理、数据处理、直播销售等必要的设施设备和专业化运营团队，拓展乡村电子商务服务站点业务功能。数字化升级改造县级物流配送中心、农产品批发市场、产地集配中心、产地仓等设施。四是加快农村传统商贸流通企业数字化转型。推进县域商业三年行动，引导农村传统商贸流通企业开展数字化、全渠道转型升级，鼓励发展“线上下单、线下配送”模式。支持有意愿和有一定实力的电子商务、快递流通等企业向农村下沉供应链，推广云端货架、在线巡店、个性化定制等应用。

2. 培育壮大乡村新业态

突出“历史人文、民俗风情、田园风光、农事体验”的乡土特色，创新乡村数字经济新业态新模式，培育乡村经济发展新动能。开展乡村旅游数字提升行动，运用网络直播、App、小程序等，实现信息发布、在线预订、产品销售，打造和推介乡村旅游品牌，探索利用虚拟现实（VR）、增强现实（AR）等技术开展沉浸式旅游。鼓励休闲农业园、农家乐、民宿等景点设施接入互联网服务平台。利用数字技术对农产品生产环境及生产全过程进行可视化监控和展示，提供网络认购、生产全过程数据查看、现场视频直播、产品溯源等在线服务，促进供需双方建立直接联系。持续深化“数商兴农”，推动数字技术、数据服务赋能农特品牌网络运营和特色产业转型升级。利用互联网平台实现资源需求方和提供方的精准高效匹配，激活闲置资源的使用价值，探索发展共享农田、共享农庄等新业态。积极鼓励引导电商客服、移动外呼、人工智能数据标注等数字服务产业落地乡村，为农民提供更多就近就业机会。

3. 大力发展农村数字普惠金融

运用数字技术提升支付、信贷、保险等金融服务的可得性，打通金融惠农服务“最后1公里”，更好支持农民创业就业、助推乡村产业发展。一是持续改善农村支付服务环境。鼓励涉农银行机构、非银行支付机构向农村延伸的同时，进一步向农村居民普及网上银行、手机银行等数字金融服务，推动更为便捷的移动支付向县域农村下沉，与便民场景融合应用。二是推动涉农信贷服务数字化。引导金融机构依托农业经营主体信贷直通车、动产融资统一登记公示系统等，围绕县域主导产业发展需求，在依法合规和风险可控前提下，利用数字技术研发活体贷、林权贷、乡村振兴贷等信贷产品，积极探索不同形式的信用贷款方式。结合农业生产、供应链管理和卫星遥感等数据，打造农村数字信用体系，在保证数据安全、建立合理数据产权制度的基础上，为金融机构提供数据支撑，推进基于大数据和特定场景的信贷服务。三是推动农业保险数字化转型。探索开展特色农产品价格指数保险，增强农民抵御市场价格风险能力。鼓励承保机构通过App、小程序提供服务，利用无人机、测亩仪等确定投保面积、理赔面积等数据，利用卫星遥感、气象数据等开展费率厘定、风险事故评估和理赔决策等工作。

五、乡村数字文化①

1. 夯实巩固乡村网络文化阵地

加强基层主流舆论阵地数字化建设，大力弘扬社会主义核心价值观。一是提升县级融媒体中心传播效能。探索打通县级融媒体中心与第三方平台对接共享的通道，有效对接乡村治理大数据资源，着力打造基层主流舆论阵地、综合服务平台、社区信息枢纽。设置“随手拍”、留言板、网上信访、网上12345等版块和栏目，畅通社情民意渠道。二是推进农村基层文化机构服务信息化。推进公共文化云基层智能服务端的建设与应用，以直播、点播、艺课等形式丰富农村数字文化生活。增加数字化图书、影音作品等资源供给，提高农村地区全民阅读、全民艺术普及等数字化服务水平。三是发展智慧广电公共文化服务。打造区域电视门户和智慧化平台，推动党务政务、学习教育、文化娱乐等进村入户，巩固壮大舆论阵地。四是鼓励“三农”网络文化创作。发掘创作本地乡村优秀“三农”题材作品，建设本地乡

① 数字乡村建设指南2.0[EB/OL].（2024−05−16）[2025−05−15]. https://www.cac.gov.cn/2024−05/15/c_1717449042791246.htm.

村网络文化创作题材作品库，培养一批高素质乡村网红和乡村文化网络主播，推介本地乡村文化，传播乡村蝶变、共同富裕等相关故事。五是推动信息技术助力乡村体育发展。推出一批乡村体育旅游精品线路和网红打卡地。鼓励依托主流媒体，充分运用网络直播、短视频等平台，打造“乡村体育达人”“乡村体育网红”等栏目，传播乡村体育正能量。六是运用数字技术助力办好中国农民丰收节。通过短视频、网络、直播等形式，推出一批中国农民丰收节精品庆祝活动，提高社会参与面、活动影响力，为乡村振兴塑形铸魂。

2. 扎实推进乡村文化资源数字化建设

利用数字技术保存与呈现乡村文化资源，实现乡村传统文化的保护与线上传播。一是推动传统村落数字博物馆单馆建设。积极推动已列入中国传统村落名录、具有地区或民族代表性的、保护成果显著的传统村落在中国传统村落数字博物馆建设单馆。二是加强农村文物资源数字化展示。以图文、视频、3D影像等形式展示古镇古街、祠堂民宅、廊桥亭台、古树名木等农村文物信息，经过故事加工创作后，通过融媒体平台、乡村网络主播等方式对外宣传展示。三是加强农村非物质文化遗产数字化记录。对农村地区非物质文化遗产进行数字影像记录与保存，通过直播、短视频、纪录片、网络综艺等方式传播，提供立体式、全景化展演和实景游戏互动等形式的数字化体验。借助电子商务、网络直播等方式，挖掘非物质文化遗产价值，打造嵌入乡土文化的乡村文创品牌。四是提升文化数字化服务能力。依托广电网络资源建设的国家文化专网和文化大数据中心，贯通乡村各级各类宣传文化及教育机构。搭建文化数据服务平台，服务乡村文化资源数据采集、加工及挖掘。

3. 加强乡村网络文化宣传引导

加强网络内容创作和传播引导，切实净化网络生态，为农村居民积极营造清朗有序的网络环境。规范互联网宗教信息服务，加大互联网宗教有害信息治理工作力度。持续深入开展“清朗”等专项行动，对防止未成年人沉迷网络游戏等情况进行排查，清理网络制作传播中的风险隐患，遏制农村地区互联网违法违规信息传播。

六、乡村数字治理[①]

1. 积极推进农村党建数字化

通过数字技术打破农村党建传统条件限制，推动农村党建工作全面整合，更高水平实现党建管理的科学化、规范化、标准化。一是推动党务管理数字化。依托全国党员管理信息系统、共产党员网，通过线上线下协同，开展流动党员管理、组织关系转接、党务公开等工作。二是推动党建宣传数字化。充分利用现有网站、App等工具，及时传达上级党组织精神，宣贯党的方针政策，传播理论知识，建立村基层党务信息公开的监测反馈机制，确保基层党组织信息的及时性、公开性和透明性。三是开展党员网络教育。依托全国、省、市农村党员学习教育平台，精选优质课件，丰富栏目内容，为基层党组织组织开展党员集中学习提供渠道。

2. 有序推动智慧村务建设

利用数字化技术手段，健全各级服务体系，推动村务工作数字化，防止“指尖上的形式主义”，切实减轻基层负担。一是推动阳光村务数字化建设。积极推广村级基础台账电子化、智能公章终端等，提高农村集体资产资源管理信息化水平，盘活农村集体资产资源，推进村级“三务”公开和小微权力清单内容实时查看，做好社会监督。推动农村土地承包合同网签，依托全国统一的土地承包合同网签系统，做好二轮承包到期延包合同签订和土地承包信息日常变更。二是推动农村产权流转交易数字化管理。利用土地流转台账信息平台，加强土地流转监管和服务，开展流转合同在线备案、价格监测、风险预警等服务。鼓励各地利用信息化手段开展农村产权流转交易，完善线上资料审核、网络实时竞价、信息发布查询、电子档案存档以及交易鉴证出具等多种功能，支持有条件的地区推进交易合同网签、交易鉴证电子化等服务功能。三是深化防止返贫动态监测帮扶。依托全国防止返贫监测和衔接推进乡村振兴信息系统，加强各级各相关行业部门数据共享共用，通过农户自主申报、基层干部排查、部门筛选预警等多渠道收集风险线索，切实做到早发现早

---

① 数字乡村建设指南2.0[EB/OL]．（2024-05-16）[2025-05-15]．https://www.cac.gov.cn/2024-05/15/c_1717449042791246.htm.

处置。

3. 构建基层数字化综合治理体系

推动数字技术与基层综合治理深度融合，不断深化数字技术在乡村治理体系中的应用。一是探索乡村治理新模式。搭建群众网络交流平台，组织村民积极开展线上协商议事。以数字技术完善推广“积分制”“清单制”等治理方式，构建共建共治共享的乡村治理格局。坚持和发展新时代“枫桥经验”，逐步完善“互联网+网格治理”服务管理模式，将县域内网信、党建、综治、公安、环保、安监、城管、信用、矛盾调解等信息接入网格治理系统。二是推动乡村法治数字化。充分整合当地法律服务资源，推广运用智能移动调解系统，拓展利用移动端开展法律服务。建设“法律明白人”网校，持续加强乡村（社区）“法律明白人”培养，打造一支素质高、结构优、用得上的“法律明白人”队伍。制作贴近农民生产生活实践的普法宣传品，用群众听得懂的语言阐释法律法规，以线上线下相结合的方式开展沉浸式、情景式、互动式的精准法律推送，积极开展直播讲法、网上法律知识竞答、农村学法用法短视频征集等活动，让乡村普法直通群众、更接地气。三是推动社会治安综合治理数字化。引导公共区域视频监控建设向乡村地区延伸，进一步提高乡村地区视频监控覆盖率。引导各级各类社会化视频图像接入公共安全视频图像信息共享交换平台，在安全可控的前提下，推动视频图像资源与网格中的社会治理基础数据有效融合、开放共享。

4. 持续加强乡村智慧应急管理

以数字赋能推动应急管理模式转向事前预防，促进公共安全治理体系和治理能力现代化。一是推动乡村自然灾害应急管理信息化。统筹构建地面观测调查、无人机摄影测量、雷达监测以及卫星遥感等综合互补的天空地一体化自然灾害预警监测体系，对乡村地质灾害、洪涝灾害、林牧区森林草原火灾等灾害及生产生活安全隐患进行监测预警。加强面向乡村的应急广播应用，实时了解自然灾害发生范围内的防灾资源信息，尤其强化面向偏远农村、牧区、山区的应急广播等灾害预警信息服务。二是推动乡村公共安全防控信息化。利用公共卫生信息采集平台，对医院、学校、村镇集市等重点防控区域的突发公共卫生事件进行动态监测。对接疾控、医疗、消防、应急、广电等多部门业务系统，利用地理信息系统、人工智能等技术，及时分析研判重点群体流向、地域分布、流入流出方式、活动轨迹等信息。在农村地区推广使用一氧化碳报警器，避免中毒事故发生。

七、乡村数字惠民服务[①]

1. 建立健全乡村信息服务体系

提升乡村公共服务数字化智能化水平，完善村级综合服务设施和综合信息平台，培育信息服务机构和社会组织，增强生产生活服务功能。一是有序推进农村信息服务站点共建共用。推进益农信息社、农村电商站点、寄递物流综合服务站、农村客运站点、综合运输服务站、供销合作网点等互补衔接，推动各类乡村服务站点“多站合一”、功能“一站多用”。二是统筹用好各类农村信息服务设施。因地制宜在现有村级综合服务中心、教学场所、医疗卫生机构等场所配备数字化设施设备，提升农村信息服务保障能力。支持农村客货邮信息化建设，推动农村客运、货运物流、邮政快递信息共享，在乡镇、有条件的村（社区）布设智能快件箱等设施设备。三是充分发挥线上服务平台效能。依托全国一体化政务服务平台和现有各类涉农服务平台，将与农民生产生活密切相关的服务事项优先纳入在线服务事项目录，为农村居民“就近办、线上办”提供支撑，逐步实现信息服务直达基层、直达群众。

2. 拓展乡村信息服务内容

瞄准农民生产生活需求，加强政府部门统筹指导，梳理信息服务清单，推动群众常办且基层能有效承接的政务服务事项下沉，不断完善生产经营服务内容，引导各类市场主体拓展农村生活服务内容，实现农业生产更高效、农村生活更便利。一是持续推进乡村教育数字化。深入实施国家教育数字化战略行动，建强用好国家智慧教育公共服务平台，持续增加农村优质教育资源供给，统筹推进教育信息化基础设施建设。充分利用多媒体教室、数字化终端等设施开展教学，深化国家智慧

① 数字乡村建设指南2.0[EB/OL].（2024-05-16）[2025-05-15]. https://www.cac.gov.cn/2024-05/15/c_1717449042791246.htm.

教育公共服务平台应用，创新场景应用模式。引导城市学校、公益组织等在乡村学校布局远程教学设备，共建城乡共享课堂。采用“电视+教育”方式，发挥好中国教育电视台“空中课堂”频道资源优势，将优质教育资源内容传送至偏远地区和网络不发达地区的学校并融入教学。优化提升“三个课堂”应用效果，并开展动态监测。通过示范、培训等手段提升乡村教师应用数字技术开展教育教学工作的能力。引导乡村教师主动利用国家智慧教育公共服务平台和网络学习空间、教师工作坊、研修社区等线上资源提升信息技术应用能力。二是持续推进乡村数字健康发展。乡村医疗卫生机构应接入省、市、县三级全民健康信息平台，纵向实现与省、市、县三级医疗机构的数据联通，横向推行区域内基层检查、上级诊断、结果互认，实现域内机构信息互通、检查检验结果共享。依托千兆光网、5G等技术推动远程医疗向乡镇卫生院（社区卫生服务中心）、村卫生室等基层医疗机构延伸。整合现有的农村三级卫生服务体系，完善卫生服务相关App和远程医疗服务系统。鼓励实体医院建立健全以部分常见病、慢性病在线复诊为主，集问诊、处方、支付及药物配送为一体的互联网医院，积极推动互联网诊疗服务向乡村拓展延伸，为农村居民提供便捷、全程、连续的医疗健康服务。依托全国统一的医保信息平台，建立“一人一档”全民参保数据库，支持基层社区、村及时获取参保人员信息。乡村定点医药机构要应接尽接全国统一的医保信息平台，并依托平台开展以医保码、医保电子处方、医保电子票据、医保移动支付等为代表的医保便民服务，方便群众医保结算。三是加快探索智慧养老与助残模式。鼓励有条件的地区建设市、县、乡（街道）、村（社区）四级联动的养老服务信息平台，集中提供政策咨询、受理接单、数据统计、信息发布、运营结算等服务，提升老人活动场所、服务中心数字化管理服务能力。鼓励企业主动对信息服务类应用开展适老化改造，鼓励有条件的地区以多种方式为有需求的高龄老人提供可穿戴智能设备。建立残疾群体基础信息数据库，及时了解和掌握农村残疾人及其家庭情况与需求，提升农村残疾人服务的精准性。积极拓展残疾人互联网就业渠道，引导残疾人在短视频、电商、客服等领域发挥作用。四是不断深化农业生产信息服务。紧紧围绕农业生产主体的服务需求，丰富优化服务供给，加快完善市场信息、农技服务、病虫害防控、农情监测、农资调度等生产经营服务。依托全国农业科教云平台等在线学习平台，为农民提供在线学习、专家指导、农技问答、技术交流等综合性服务。引导各类新型农业经营主体依托现有社会化服务平台，开展农资供应、农产品加工、农业气象等服务，促进公益性服务和经营性服务便民化。

3. 提升乡村人才数字素养

坚持“人才是第一资源”的理念，分类提升各类主体信息化技能，更好支撑数字乡村建设。一是加强基层干部信息化培训。鼓励各地因地制宜对县乡两级涉农干部、村“两委”班子成员开展培训，通过对信息化有关政策法规、基础知识的学习，提升基层干部对信息化的认知和实践能力。加强培训工作统筹，避免多头调训、重复培训。二是提升新型农业经营主体数字化技能。用好农村实用人才带头人培训、高素质农民培育等项目，利用数字化学习平台，组织开展智慧农业建设、现代化良田建设、农村电子商务应用、乡村治理数字化等专题培训和实地访学。三是提升农民数字素养。持续组织开展农民手机应用技能培训，完善线上培训功能，丰富数字培训资源，引导动员社会力量为农民开展线上线下形式多样的信息化培训。鼓励各地设立专门的乡村基层干部和农民数字素养提升项目，开展针对性培训。

八、智慧美丽乡村①

1. 深入推进农业绿色发展

通过数字化方式促进农业发展全面绿色转型，推进农业生产数字化与绿色化协同发展。一是强化农业投入品信息化监管。加强规模化农田灌溉水质监测，优化灌溉渠系与计量设施设备、水质监测设施设备布局，实现农田灌溉用水情况监测，积极开展农业用水、净耗水和灌溉水利用系数等农业用水红线监控，加强农业节水灌溉指导。通过应用国家、省、市农业投入品追溯管理平台，开展农业投入品监管溯源与数据采集工作，强化农药使用过程管理，规范农业生产经营企业活动。开展农业绿色发展观测试验，推广绿色生产技术。二是强化农产品质量安全数字化监管。

① 数字乡村建设指南2.0[EB/OL]. （2024-05-16）[2025-05-15]. https://www.cac.gov.cn/2024-05/15/c_1717449042791246.htm.

依托部省农产品质量安全追溯平台或系统，加强农产品追溯、监管、检测、执法，推进全链条农产品质量安全智慧监管，加强重点农产品产地溯源信息采集、查验、上传。探索通过App、小程序等手段实现监测抽检、日常巡查检查、生产主体名录、风险分级管理等农产品质量安全监管工作数字化。三是实施农业生产废弃物数字化管理。利用自动控制监测和检测分析设备，开展农村规模化养殖场、农业废弃物处理站点等场所废弃物处置和污染治理过程的实时监测、远程控制、预警预报。依托省、市秸秆禁烧管控平台，综合应用卫星遥感、无人机、高清视频等技术加强对农作物秸秆焚烧火点的监控预警。

2. 创新乡村绿色生活方式

利用数字技术赋能乡村绿色生活公共产品，为建设宜居宜业和美乡村提供数字化支撑。一是推动农村人居环境数字化监管。建立农村改厕、生活污水、垃圾处理和村容村貌等数字监控网络与长效管护系统，利用App、小程序等方式提高农村人居环境管护全民参与度。二是推动农村供水工程数字孪生建设。在新建或改造提升农村规模化供水工程中推进数字化应用，实时采集水量、水质、水压、取用水计量等关键参数，实现水泵、药剂投加等主要设备设施在线监控。以县域为单元持续推进智慧供水，有条件的地区开展全面感知、实时传输、数据分析和智慧应用系统先行先试，打造数字孪生供水系统。三是开展农村空气质量自动监测。分步填平补齐农村居住地区空气质量监测点位相关监测仪器设备设施，扩展现有农村环境空气监测子站功能，监测细颗粒物（$PM_{2.5}$）、臭氧等指标，提高监测质量和精度。四是推进农村房屋综合信息化管理。针对农房建设、安全管理、危房改造、工匠管理等应用场景开展信息化建设，支撑农房质量安全综合监管，服务农民群众建房需求。

3. 分类推进农村生态保护信息化

践行“两山”理念，利用数字技术强化农村自然资源和生态环境综合监测分析，助力农村生态文明建设。一是开展山水林田湖草沙系统监测。建设和维护乡村自然资源观测站，共享共用乡村范围内的山川、湖泊、林地、耕地、草地、湿地、沙地等自然资源动态监测和预警成果，不断充实乡村自然资源“一张图”。二是开展农村生态脆弱区域监测。利用卫星遥感、高清视频监控等技术手段，对农林交错带、农牧交错带、水陆生态交错带等农村生态脆弱区域以及污染防治重点地区开展焚烧点、黑臭污水、水体泡沫等智能识别、监测预警和指挥调度。

第三节　数字乡村发展行动计划

一、数字基础设施升级行动①

1. 推进乡村信息基础设施优化升级

持续实施电信普遍服务，开展农村地区4G基站补盲建设，逐步推动5G和千兆光纤网络向有条件、有需求的乡村延伸。持续推进城市农村“同网同速”，优化提升农村宽带网络质量。探索运用卫星等多种手段，提升农村及偏远地区学校、医院网络接入水平和质量。深入实施智慧广电建设工程，依托有线电视网络承载智慧乡村服务。优化广播电视业务网络，推动广播电视服务走向“终端通”“人人通”。优化农村信息服务基础设施建设，有序推进农业农村、商务、民政、邮政、供销等部门农村信息服务站点的整合共享，推广“多站合一、一站多用”。鼓励开发适应“三农”特点的信息终端、技术产品、移动互联网应用（App）软件，不断丰富“三农”信息终端和服务供给。

2. 推动乡村传统基础设施数字化改造升级

完善农村公路基础数据统计调查制度，强化电子地图定期更新，提升农村公路管理数字化水平，推动“四好农村路”高质量发展。加快农村电网数字化改造，实施农村电网巩固提升工程，补强农网薄弱环节。加快农村水利工程智慧化、水网智能化，进一步加强全国河长制湖长制管理信息系统建设和应用，推动各类信息共享和联动更新。支持国家骨干冷链物流基地、区域性农产品冷链物流设施、产地冷链物流设施等建设，补齐冷链物流短板。

---

① 数字乡村发展行动计划（2022—2025年）[EB/OL].（2022-01-25）[2025-05-15]. https://www.cac.gov.cn/2022-01/25/c_1644713315749608.htm.

二、智慧农业创新发展行动[①]

1. 加快推进农业农村大数据建设应用

建立健全农业数据资源目录，以第三次全国国土调查成果为基础，加快建设全国农业农村基础数据库，构建全国农业农村数据资源“一张图”。以粮、棉、油、果、菜、茶、糖、生猪、奶牛、水产等重要农产品为重点，深入推进单品种全产业链大数据建设，提升数据分析应用能力。加强大数据采集、传输、存储、共享、安全等标准体系建设，提高农业农村数据流通、使用效率。建立健全重要农产品市场监测预警体系，为政府和市场主体提供公共数据服务。打造惠农数字粮食服务平台，构建粮食产购储加销大数据体系，以数字技术赋能优质粮食工程。推动建成全国农田建设数字化监管平台，完善自然资源调查监测、国土空间规划、永久基本农田等数据库，建设自然资源三维立体“一张图”。

2. 建设天空地一体化农业观测网络

统筹使用国家民用空间基础设施中长期发展规划卫星及民商遥感卫星等资源，构建农业天基网络，形成常规监测与快速响应的农业遥感观测能力。开发适合我国农业生产特点和不同地域需求的无人机导航飞控、作业监控、数据快速处理平台，构建航空观测网络，提升区域高精度观测和应急响应能力。整合利用各类农业园区、基地的物联网数据采集设施，逐步推动数据汇集。

3. 加快农业生产数字化改造

建设一批智慧农场、智慧牧场、智慧渔场，推动智能感知、智能分析、智能控制技术与装备在农业生产中的集成应用。推进无人农场试点，通过远程控制、半自动控制或自主控制，实现农场作业全过程的智能化、无人化。大力推进数字育种技术应用，建设数字育种服务平台，加快“经验育种”向“精确育种”转变，逐步发展设计育种。完善国家农产品质量安全追溯管理信息平台，推进农产品质量安全信息化监管，探索建立追溯管理与风险预警、应急召回联动机制。

---

① 数字乡村发展行动计划（2022—2025年）[EB/OL].（2022-01-25）[2025-05-15]. https://www.cac.gov.cn/2022-01/25/c_1644713315749608.htm.

4. 加快智慧农业技术创新

制定智慧农业技术发展路线图，重点突破智慧农业领域基础技术、通用技术和关键技术，超前布局前沿技术。加强专用传感器、动植物生长信息获取及生产调控机理模型等关键共性技术攻关，重点推进适用各种作业环境的智能农机装备研发，推动农机农艺和信息技术集成研究与系统示范。加强农机装备技术创新，逐步突破200马力无人驾驶拖拉机、大型液压翻转犁、精密播种机械、复式作业机具等整机和机具。

5. 加强农业科技信息服务

完善农业科技信息服务体系，支持培育一批面向新型农业经营主体和小农户的信息综合服务企业，引导社会主体开展以数据为关键要素的农业生产社会化服务。建立完善科技特派员综合信息服务平台，支持科技特派员开展在线指导答疑和交流工作经验。

三、新业态新模式发展行动①

1. 深化农产品电商发展

深入实施“互联网+”农产品出村进城工程。支持农业龙头企业、农民专业合作社以及种植养殖大户、家庭农场等新型农业经营主体通过网络销售区域特色农产品。扩大农村电商覆盖面。持续实施“数商兴农”，积极打造农产品网络品牌，支持地方开展特色农产品认证和市场推广，以品牌化带动特色产业发展。加快农村寄递物流体系建设，分类推进“快递进村”工程。建立完善农村物流共同配送服务规范和运营机制，发展县乡村物流共同配送，实现统一仓储、分拣、运输、揽件。持续发展“巾帼电商”，培育“巾帼电商”品牌，开展面向农村妇女的电商培训。引导电商平台规范有序开拓电商分销渠道，用好社交电商、直播电商等新模式。

2. 促进农村消费升级

畅通“工业品下乡”通道，促进农村居民生活用品、农资农具、生产经营服务

① 数字乡村发展行动计划（2022—2025年）[EB/OL].（2022-01-25）[2025-05-15]. https://www.cac.gov.cn/2022-01/25/c_1644713315749608.htm.

的线上购买。丰富农村信息消费内容，发展乡村数字文化消费新场景。合理引导农村居民在网络娱乐、网络视听内容等领域的消费。加强农村信息消费市场监管，严肃查处制假售假、违法生产经营等行为，切实保护农村居民的消费权益。瞄准农村信息消费重点领域和产品，开展消费品质量安全“进社区、进校园、进乡镇”消费者教育活动，提高农村居民消费品质量安全意识。

3. 加快培育农村新业态

推进乡村旅游智慧化发展，打造一批设施完备、功能多样、智慧便捷的休闲观光园区、乡村民宿、森林人家和康养基地，线上推荐一批乡村旅游精品景点路线。推进创意农业、认养农业、健康养生等基于互联网的新业态发展，探索共享农场、云农场等网络经营新模式。通过网络传播农村各类非物质文化遗产资源，促进乡村特色文化产业发展。引导在线旅游、电子商务、位置信息服务、社交媒体、智慧金融等平台企业将产品和服务下沉到乡村，健康有序发展农村平台经济。

四、数字治理能力提升行动①

1. 完善农村智慧党建体系

推进全国党员干部现代远程教育系统优化升级，扩大网络党课在农村党员教育中的应用。丰富党建信息化综合平台功能，加快基层党组织“上云”。综合运用重点新闻网站、政务网站、“两微一端”等平台，积极稳妥、依法依规推动党务、村务、财务等信息网上公开，拓宽党群沟通渠道，畅通社情民意。

2. 推动“互联网+政务服务”向乡村延伸

完善全国一体化政务服务平台，推动实现网上政务服务省、市、县、乡、村五级全覆盖，提高涉农事项全程网上办理比例，推动政务服务“网上办、掌上办、一次办”。推进电子政务外网向乡镇、村延伸，扩大乡村基层便民服务中心、服务站点部署范围，推进线上线下深度融合。建立健全政务数据共享协调机制，稳步扩大涉农政务信息资源共享范围。深化农村综合服务网点覆盖，推进农村地区数字社

① 数字乡村发展行动计划（2022—2025年）[EB/OL]. （2022-01-25）[2025-05-15]. https://www.cac.gov.cn/2022-01/25/c_1644713315749608.htm.

区服务圈建设，提升政务、商超、养老等综合服务功能，做好乡村服务“最后100米”。建设农村工程建设项目管理信息化平台，实现农村工程建设项目“一网统管”和“一网通办”。

3. 提升村级事务管理智慧化水平

推广村级基础台账电子化，建立统一的“智慧村庄”综合管理服务平台。推广村级事务“阳光公开”监管平台，推进村级事务及时公开、随时查看。进一步丰富村民自治手段，推进村民在线议事、在线监督。加快农村集体资产监督管理平台建设，促进建成便民快捷、管理高效、上下联动、部门共享的农村集体资产大数据库。

4. 推动社会综合治理精细化

逐步完善“互联网+网格治理”服务管理模式，打造基层治理“一张网”，推广“一张图”式乡村数字化治理模式。深入推进公共法律服务网络平台、实体平台、热线平台三大平台融合发展，整合法律服务网与司法行政App、小程序功能。推广运用智能移动调解系统，拓展利用移动端开展法律服务，为农民群众提供在线法律咨询、法律援助、维权指引、视频调解等线上服务。高质量建成涵盖所有县、乡、村的公共安全视频图像应用体系，进一步加大农村地区公共安全视频图像应用系统建设。引导各级各类社会化视频图像接入公共安全视频图像信息共享交换平台，积极推动视频图像资源与网格中社会治理基础数据有效融合、开放共享。

5. 加强农村智慧应急管理体系建设

依托天空地一体化监测体系，加强自然灾害综合监测预警，对乡村地质灾害、洪涝灾害、林牧区森林草原火灾等灾害及生产生活安全进行监测预警。依托应急资源管理平台，合理调度防灾救灾物资，做好乡村受灾人群应急救援和保障服务。完善覆盖全面、实时监测、全局掌控的乡村数字化公共卫生安全防控体系，建立突发事件风险监测与预警信息共享平台，引导村民开展自我卫生管理和公共卫生安全防控。完善农村气象灾害智能预报系统，构建广覆盖、立体化的预警信息发布体系，建立精细到乡镇的气象预报和灾害性天气短时临近预警业务，推动预警信息到村到户到人。加快应急广播体系建设，推进基层应急广播主动发布终端覆盖，建立应急广播快速传达通道。

五、乡村网络文化振兴行动①

1. 筑牢乡村网络文化阵地

完善县级融媒体中心功能，拓展党建服务、政务服务、公共服务、增值服务等服务。持续开展县级融媒体中心东西部协作交流活动。强化乡村网络文明建设，大力宣传弘扬社会主义核心价值观和中华优秀传统文化。加大对“三农”题材网络视听节目的支持，增强优质内容资源供给。规范互联网宗教信息服务，通过网络在农村地区开展涉及宗教的法律法规和政策的宣传普及工作。遏制不良网络信息在农村传播，加强农村少年儿童不良信息防范教育。

2. 推进乡村文化资源数字化

推进实施国家文化数字化战略和国家文化大数据体系建设。按照国土空间基础信息平台数据标准，推进全国文物信息资源数据库建设，及时将文物资源空间信息纳入同级国土空间基础信息平台，加强农村文物资源的数字化保护。依托中华优秀传统文化传承发展工程，组织开展中华文化资源普查、传统村落保护利用、非物质文化遗产资源数字化、农耕文化传承保护等工作。用数字化手段保存农村地区国家级非遗代表性传承人技艺。加快推进历史文化名镇、名村数字化工作，完善中国传统村落“数字博物馆”。加大文物资源数字化展示传播与进村力度，推出一批“数字文物资源库”和“数字展览”。推进农村基层文化服务机构信息化，提高乡镇综合文化站、村（社区）综合性文化服务中心等基层公共文化设施数字化服务水平。加快建设数字农家书屋。

① 数字乡村发展行动计划（2022—2025年）[EB/OL].（2022-01-25）[2025-05-15]. https://www.cac.gov.cn/2022-01/25/c_1644713315749608.htm.

六、智慧绿色乡村打造行动①

1. 提升乡村生态保护信息化水平

强化山水林田湖草沙冰系统治理数据收集与分析，实现农村生态系统的动态监测、智慧监管。建设全国农村生态环境综合管理系统，开展农业面源污染排放特征监测分析、畜禽（水产）养殖监测分析、农村生活污水治理调查分析、黑臭水体排查整治分析、农用地面积和环境质量监测分析。综合应用卫星遥感、无人机、高清视频等技术对农村生态系统脆弱区和敏感区开展常态化、自动化监测。构建秸秆焚烧管控管理平台，加强对农作物秸秆焚烧火点监控监测。利用4G/5G、北斗卫星、云计算等技术构建林草生态网络感知系统。基于第三次全国国土调查成果数据和国土空间规划，建设林草资源“图库数”和林草资源云，纳入国土空间规划“一张图”。建设林草信息化示范区。

2. 加强农村人居环境数字化监管

建立农村人居环境问题在线受理机制，引导农村居民通过App、小程序等方式参与人居环境问题网络监督。完善农村环境监测体系，选择重点类和一般类监控村庄开展环境监测。综合应用无人机、高清视频、物联网等技术手段，对农村房屋、道路、河道、特色景观等公共生活空间进行监测，为维护村容村貌提供管理依据。建立农村供水工程数字管理平台，打造全国农村集中供水信息化管理“一张图”，提升千吨万人工程自动化监测覆盖率。

七、公共服务效能提升行动②

1. 深化乡村“互联网+教育”

继续夯实农村地区教育信息化基础，协同推进教育专网建设，加快推动农村地区学校数字校园建设，持续改善农村地区薄弱学校网络教学环境。完善互联互通、

① 数字乡村发展行动计划（2022—2025年）[EB/OL].（2022-01-25）[2025-05-15]. https://www.cac.gov.cn/2022-01/25/c_1644713315749608.htm.

② 数字乡村发展行动计划（2022—2025年）[EB/OL].（2022-01-25）[2025-05-15]. https://www.cac.gov.cn/2022-01/25/c_1644713315749608.htm.

开放灵活、多级分布、覆盖全国、共治共享、协同服务的国家数字教育资源公共服务体系，优化国家中小学网络云平台，深化普及“三个课堂”应用，助力农村地区学校师生共享优质教育资源。深入开展农村教师信息技术应用能力培训，不断提高教师信息化教学能力和信息素养。面向农村重点群体开发涉农教学资源，开展各类涉农信息技术、农村电商、信息产品应用、劳务品牌等专题培训，促进农村劳动者就业创业。继续开展民族语文信息化研究工作，进一步推动现有民族语文信息化成果的规范管理。

2. 推进“互联网+医疗健康”

推进信息技术在乡村基本医疗和公共卫生服务中的融合应用，推动各地完善县域卫生健康信息平台，加强乡村医疗卫生机构信息化建设。建立覆盖县级医院的远程医疗专网，规范信息技术标准、通信资源、居民健康档案数据存储和使用规则。构建远程医疗协同体系，逐步实现医疗机构间电子病历、检查检验结果共享。推进全国统一的医保信息平台落地应用，推广医保电子凭证在农村地区全面应用，推动农村医保经办服务网上办理，实现医保政务服务“全程网办”“一网通办”。稳步推进中医馆健康信息平台建设，提升中医药服务能力。

3. 完善农村社保与就业服务

稳步推进乡镇、村基层社保公共服务平台建设，同步推进社保服务事项下沉，充分依托村镇基层平台开展社保经办服务。推广电子社保卡普及应用，扩大便民服务终端覆盖范围，将就业服务、社保服务与农村普惠金融服务相结合，增强“就近办、线上办”能力。持续推进全国社保关系转移和待遇资格认证系统建设，依托国家社会保险公共服务平台，实现城乡居民养老保险关系转移网上办理。建立健全全国统一的农民工综合信息系统，加强农民工外出务工等形势分析。加强乡村公共就业服务信息化建设，依托“金保工程”和各地公共招聘网络渠道，面向农村居民提供就业信息服务。

4. 提升面向农村特殊人群的信息服务水平

加快推广应用全国社会救助信息系统，完善全国养老服务信息系统、全国儿童福利系统、残疾人两项补贴信息系统，加强农村留守老年人信息管理，简化农村

"三留守"人员、残疾人补贴申请受理流程。依托全国低收入人口动态监测信息平台，加强全国低收入妇女信息管理。发展"互联网+助残"，推动残疾人基本公共服务项目纳入农村政务服务"一网通办"平台，推动社保卡等加载残疾人服务功能。引导面向老年人、残疾人等群体的各类应用开展适老化、无障碍化改造升级，加快推进无障碍产品和服务技术推广应用。加强对乡村特殊群体的法律援助。

5. 深化农村普惠金融服务

深入开展农村支付服务环境建设，推进移动支付便民工程在农村特色产业、农产品收购等领域的应用，创新助农服务模式。在有条件的地区逐步建立涉农信用信息平台，推动涉农信用信息集中整合，支持市县构建域内共享的涉农信用信息数据库。引导当地涉农金融机构提升农户建档评级和授信覆盖面。引导银行业金融机构在依法合规、风险可控前提下，基于大数据和特定场景进行自动化审批，提高信贷服务效率。鼓励保险机构探索利用互联网、卫星遥感、远程视频等技术，开展农业保险的线上承保理赔。

八、网络帮扶拓展深化行动①

1. 巩固拓展脱贫攻坚成果

健全防止返贫动态监测和帮扶机制，依托防止返贫大数据监测平台，对脱贫不稳定户、边缘易致贫户，以及因病因灾因意外事故等刚性支出较大或收入大幅缩减导致基本生活出现严重困难户进行常态化监测帮扶。继续大力实施消费帮扶，支持脱贫地区探索消费帮扶新业态新模式，带动脱贫人口和农村低收入人口增收致富。鼓励中央单位在定点帮扶工作中推动数字乡村项目建设，加强基础设施建设、运营模式创新和利益联结覆盖。依托"万企兴万村"行动，引导民营企业积极参与数字乡村建设。

2. 做好网络帮扶与数字乡村建设有效衔接

支持脱贫地区因地制宜开展数字乡村建设，鼓励和动员社会力量积极参与数字

① 数字乡村发展行动计划（2022—2025年）[EB/OL]. （2022-01-25）[2025-05-15]. https://www.cac.gov.cn/2022-01/25/c_1644713315749608.htm.

乡村聚力行动。继续加大对脱贫地区信息基础设施建设力度。统筹推进脱贫地区县乡村三级物流体系建设，强化农村邮政体系作用，引导电商、快递、物流企业向中西部农村地区深入拓展。探索通过线上线下相结合的培训方式，着力提升脱贫地区农村人口的数字素养与技能。进一步拓宽网络公益渠道，加大公益项目网络筹资力度，开发面向脱贫地区和脱贫人口特别是青少年群体的公益捐赠、学业资助、创业扶持、就业促进、医疗救助、志智双扶、素质提升、社区服务、生态环保、妇女儿童保护与发展、扶弱助残等方面的公益项目。

第四节　大力发展智慧农业

一、全方位提升智慧农业应用水平①

1. 推进主要作物种植精准化

推动良种良法良机良田与数字化有机融合，集成应用“四情”监测、精准水肥药施用、智能农机装备、无人驾驶航空器和智能决策系统等技术，提升耕种管收精准作业水平，构建主要作物大面积单产提升的数字化种植技术体系。加强农田新型基础设施建设和改造升级，完善耕地质量监测网络。大力发展智能农机装备，推进农机具数字化升级，研发推广高精准作业水平的智能农机装备，建设全国农机作业指挥调度平台；鼓励农垦发展“互联网+农机作业”。建立健全“天空地”一体化监测体系，积极推进卫星遥感和航空遥感资源共享，提高农业遥感监测的精度和频次；合理布局田间物联网监测设备，统筹推进农业气象、苗情、土壤墒情、病虫害、灾情等监测预警网络建设，提升防灾减灾实时监测和预警预报能力。鼓励有条件的家庭农场、农民合作社等开展数字化改造，因地制宜探索多样化的智慧农场建设模式。

① 农业农村部关于大力发展智慧农业的指导意见[EB/OL].（2024-10-23）[2025-05-15]. https://www.gov.cn/zhengce/zhengceku/202410/content_6983621.htm.

2. 推进设施种植数字化

结合设施农业发展布局，以设施种植传统优势产区为重点，推动集中连片老旧低效设施数字化改造，推进环境控制、水肥一体化等物联网设备应用；以大中城市郊区及其周边区域为重点，因地制宜发展连栋温室、植物工厂等现代化生产设施，加快推广国产化全流程智能管控系统，集成应用作物生长监测、环境精准调控、水肥综合管理、作业机器人等技术装备。鼓励规模化设施种植主体，应用生产经营全过程信息管理系统，合理制定种植计划，动态调优品种结构和上市档期。以蔬菜和水稻生产大县（农场）为重点，推进育苗催芽播种等智能装备应用，推动集约化种苗工厂数字化建设。

3. 推进畜牧养殖智慧化

引导发展规模养殖智能化，按需集成环境精准调控、生长信息监测、疫病智能诊断防控等技术，推广精准饲喂等智能装备。在土地资源相对紧缺地区，推广智能化立体养殖技术。鼓励规模养殖场建立电子养殖档案，推进数据直联直报，加快推广能繁母猪、奶牛个体电子标识。加快饲料原料营养价值和畜禽动态营养需要量数据库建设，推广国产饲料配方软件。加强动物疫病监测预警、诊断和防控信息化建设，完善重大动物疫情测报追溯体系。

4. 推进渔业生产智能化

以规模化淡水养殖为重点，加快推进池塘、工厂化、大水面等养殖模式数字化改造，因地制宜应用鱼群生长监测、智能增氧、饲料精准投喂、鱼病诊断防控、循环水处理等设施设备。在海水养殖优势区，因地制宜推进沿海工厂化、网箱等养殖模式数字化改造，推进深远海智能化养殖渔场建设，应用环境监控、精准投喂、自动起捕、智能巡检、洗网机器人等设施设备。实施海洋渔船及船上设施装备更新改造，推广渔船海洋宽带、北斗导航定位、防碰撞等船用数字化终端装备，推动相关卫星信息系统的行业应用。加快推进各地渔政执法数字化建设，建设全国统一的渔政执法办案综合平台，重点推进沿海伏季休渔、长江禁渔智能化监管，建设智慧渔港。

5. 推进育制种智能化

加快国家级和省级农作物种质资源库（圃）、畜禽基因库、畜禽水产资源保种场（区）等数字化建设，推进种质资源信息互联共享。支持建设一批智能化现代化的农作物优势制种区和畜禽核心育种场，集成推广小区智能播种收获、高效去雄等智能设备。支持科研机构和种业企业联合打造智能育种平台，开发智能设计育种工具，推动经验育种向智能设计育种转变，有效缩短育种周期。推动遗传评估中心、畜禽品种性能测定站等试验数据共享，提升品种测试（测定）效率。完善中国种业大数据平台，探索建立品种身份证制度，推行种子可追溯管理。

6. 推进农业全产业链数字化

持续实施“互联网+”农产品出村进城工程，培育一批运营主体，引导带动上下游相关主体数字化改造，以市场需求为导向精准安排生产经营。拓展农产品网络销售渠道，推动大型商超、电商平台等与主产区建立对接机制，规范发展直播电商等新模式，组织开展“庆丰收消费季”等营销促销活动。促进农产品产地市场和加工流通企业数字化改造，集成应用清选分级、品质检测、加工包装、冷藏保鲜等智能设施设备，培育发展智能化、高端化现代加工仓储模式。依托部、省农产品质量安全追溯管理信息平台，推进产地农产品溯源体系建设。

7. 推进农业农村管理服务数字化

加强国家农业农村大数据平台、用地“一张图”建设，健全协同推进制度机制，推动数据汇聚共享和上图入库，持续优化拓展平台功能，构建农业农村管理服务数字化底座。部省协同推进农业防灾减灾救灾指挥调度、农村集体资产监管、农村承包地管理、农村宅基地管理、全国农田建设综合监测监管、防止返贫致贫监测帮扶、全国乡村建设信息监测、农业综合行政执法、新型农业经营主体和农业社会化服务主体管理服务、畜牧兽医监管监测、渔业渔政管理、长江禁渔、农产品质量安全监管等业务系统建设，逐步统一底图和数据标准，强化系统共建共享、数据互联互通、业务协作协同，全面提高管理服务效能。持续推进单品种全产业链大数据建设，强化农产品市场监测预警和信息发布，加强涉农舆情监测预警。鼓励有条件的垦区因地制宜构建智慧农业作业与智能管理平台。

二、加力推进智慧农业技术创新和先行先试①

1. 加快技术装备研发攻关

根据轻重缓急建立重大问题清单，加快农业传感器与专用芯片、农业核心算法、农业机器人等关键核心技术研发攻关，深入推进人工智能大模型、大数据分析等技术在农业农村领域融合应用。强化国家智慧农业创新中心和农业信息化重点实验室等创新平台建设，优化建设布局，加强协同联动和信息共享，提升整体效能，形成基础研究、应用研究、研发制造相衔接的智慧农业创新体系。鼓励各地根据发展需求，有针对性地组织开展智慧农业技术攻关与推广应用；加强智慧农业共性技术创新团队建设，在省级现代农业产业技术体系中增设智慧农业岗位，推动信息技术与农机、农艺技术协同攻关。培育智慧农业科技领军企业，引导科研机构与制造企业联合研发，促进技术在应用中持续优化。

2. 建设智慧农业引领区

鼓励有条件的地区开展先行先试，建设一批智慧农业引领区，强化政策创设，推动机制创新，集中用好各类支持措施，打造智慧农业发展高地。引进培育一批智慧农业技术研发、装备制造、推广服务等各类主体，打通智慧农业技术装备从研发到制造应用的堵点卡点，探索形成区域性的整体解决方案。重点支持在规模化生产经营主体、农业社会化服务主体、农垦国有农场等率先示范应用，培育一批高水平的智慧农（牧、渔）场。

3. 健全技术推广服务体系

把智慧农业技术装备纳入农技推广范围，加强智慧农业技术指导和推广。每年组织遴选一批成熟技术装备，制定发布智慧农业主推技术目录。总结推广一批适应实际需求的智慧农业技术集成应用模式。建立智慧农业信息发布平台，集中发布技术、装备、标准、政策等各类信息。制定智慧农业成本效益测算方法、应用效果评价方法，开展智慧农业技术装备科学评价。鼓励有条件的农业社会化服务主体加

---

① 农业农村部关于大力发展智慧农业的指导意见[EB/OL].（2024-10-23）[2025-05-15]. https://www.gov.cn/zhengce/zhengceku/202410/content_6983621.htm.

快智慧农业技术示范应用，提供遥感监测、农事作业、经营管理、防灾减灾等技术服务。

三、有序推动智慧农业产业健康发展[①]

1. 加强标准体系建设

加快制修订产业发展急需的智慧农业共性关键标准与通用技术规范。鼓励企业参与标准制修订，做好产业链上下游、成套装备的标准衔接。加强标准宣贯，引导各类企业强化自律、按标生产，建立健全第三方技术服务体系。完善智慧农业技术装备检验检测制度，推动建设智慧农业技术装备检验检测中心，建立健全整机装备、关键零部件、软件产品的检测规范。

2. 强化数据要素保障

利用信息技术提升农业农村统计监测能力，拓宽遥感、物联网、互联网等实时数据采集渠道。健全农业农村数据管理制度，完善数据资源目录，深入推进政务数据资源整合共享和开发利用。加快完善农业农村数据交易管理制度，探索建立数据交换互惠、商业数据保护等机制，培育数据交易市场，促进各类主体间的数据合作。同步推进网络安全和数据安全建设，及时评估防范智慧农业技术装备应用风险。

3. 加强人才队伍建设

鼓励高等院校、科研院所与智慧农业企业加强合作，培养符合产业需求的应用型、创新型和复合型人才。鼓励各地创新培训方式，结合农村实用人才带头人培训、高素质农民培育、农民手机应用技能培训等项目，加大智慧农业人才培训力度，提升小农户参与智慧农业的意识和能力。推进智慧农业领域职业开发和职业技能等级认定，吸引相关人才从事智慧农业工作。

① 农业农村部关于大力发展智慧农业的指导意见[EB/OL].（2024-10-23）[2025-05-15]. https://www.gov.cn/zhengce/zhengceku/202410/content_6983621.htm.

四、全国智慧农业行动①

1. 实施智慧农业公共服务能力提升行动

打造国家农业农村大数据平台　完善国家农业农村大数据平台架构设计，统筹谋划存量资源和增量项目，加快推进算力、存储、安全、网络条件提升和灾备体系建设，构建统一的数据资源池和数据采集、汇聚治理、分析决策等系统，打造农业农村数据管理服务中枢。制定完善农业农村数据分类分级规范、数据资源目录和共享制度，应用“全农码”对农业资源、主体、产品数据统一赋码，深入推进数据资源汇聚治理和共享交换。升级优化“农事直通”移动端窗口，丰富和拓展为农服务数字化应用。构建农业农村大数据协同创新体系，制定促进数据平台上下协同的标准规范，推广农业农村大数据平台基座等软件工具。

共建农业农村用地“一张图”　统筹用好农业农村地理信息公共服务平台等现有条件，开发满足农业农村管理应用需求的农业农村数字底图，完善地图制作、发布、服务等功能，为各级农业农村部门提供基础能力支撑。央地合作、部门协作推动各类涉农数据上图入库，建设耕地、永久基本农田、高标准农田、承包地、宅基地、耕地种植用途、养殖坑塘用地等专题图层，为每块地建立数字档案。鼓励各级农业农村部门和各类主体依托用地“一张图”，开发耕地种植用途管控、防灾减灾、生产托管、农机精准作业等各类应用。

开发智慧农业基础模型　建设农业基础模型与算法开放平台，建立农业智能模型算法软件开源社区，为各类农业模型开发提供高效敏捷的开发工具和基础模型库。开发推广具有自主知识产权的作物生长、动物行为和体征识别、生产管理决策、设施环境多因素联动调控等基础模型算法，以及智能育种、饲料配方、农场管理等通用软件工具或SaaS软件服务，为各类智慧农业应用提供技术底座。加快推动人工智能大模型在农业农村科研、生产经营、管理服务等重点领域的应用。

① 农业农村部关于印发《全国智慧农业行动计划（2024—2028年）》的通知[EB/OL].（2024-10-23）[2025-05-15]. https://www.gov.cn/zhengce/zhengceku/202410/content_6983622.htm.

2. 实施智慧农业重点领域应用拓展行动

赋能主要作物大面积单产提升　组织国家智慧农业创新中心、优势科研单位和科技领军企业，聚焦全国重点区域重点品种，集成推广一批大面积单产提升的数字化种植技术方案。鼓励地方因地制宜推进水肥一体化智慧管控设施、信息化监管设备等数字农田建设，探索完善建设标准，优化国家、省、市、县四级耕地质量监测网络。加快推进农机装备的数字化升级，引导农机配备北斗辅助驾驶等系统设备终端，提高精准作业水平。鼓励有条件的地方整区域推进田间气象、作物长势、土壤墒情、病虫害等监测预警网络建设，形成覆盖全域的一体化监测体系。鼓励有条件的农业社会化服务主体拓展智慧农业服务，为小农户等经营主体提供贯穿全生产周期的农事指导、市场信息、防灾减灾等各类信息服务。

培育一批智慧农（牧、渔）场　指导各地根据种植养殖品种和生产条件的实际需求，集成应用适宜的信息技术装备，因地制宜建设多样化的智慧农（牧、渔）场。智慧农场，重点应用环境监测调控、水肥药精准管理、智能植保、无人巡检运输、智能农机等技术装备。智慧牧场，重点应用个体体征监测管理、环境精准调控、自动巡检消杀、疾病智能诊断、精准配方饲喂、自动采集清污、废弃物无害化处理等技术装备。智慧渔场，重点应用环境和水质监测、自动增氧、智能巡检、智能投饲、个体行为观测、鱼病智能诊断、分级计数等技术装备。实施农（牧、渔）场智慧赋能计划，汇聚各级农业农村部门、市场主体等多方资源力量，为有意愿有条件的农民合作社、家庭农场、农业企业等主体，提供智慧农业通用软件工具、信息技术培训、农技在线服务、市场信息等服务。

推动农业全产业链数字化改造　鼓励各地打造一批产业链数字化改造标杆，充分发挥行业组织、“链主”企业、龙头企业等作用，带动农业生产经营主体数字化改造，提高全产业链协作协同效率。深入实施“互联网+”农产品出村进城工程，推动国家级农产品产地市场智慧化升级改造，加强农产品产地仓储保鲜冷链物流信息化建设，打造面向市场、数据驱动、高效协同的智能供应链，推动产销顺畅衔接、优质优价。建设一批重要农产品全产业链大数据分析应用中心，加强重要农产品全产业链信息监测，引导产业有序发展。推进农产品质量安全智慧监管，建设国家综合监管平台，指导有条件的生产主体建立信息化质量安全管控系统，推广应用电子承诺达标合格证，鼓励有条件的地区开展追溯保品牌试点。

3. 实施智慧农业示范带动行动

推进智慧农业先行先试　支持浙江建设智慧农业引领区，综合应用技术创新、人才引进、财税支持、金融服务等政策措施，探索设立智慧农业专项资金，推动形成部省联动推进智慧农业建设的机制路径。支持智慧农业公共服务产品优先在浙江落地应用，推动“浙农码”与“全农码”有机衔接，率先实现部省数据互联互通和业务协作协同。持续推动浙江“乡村大脑”迭代升级，建设种植业、畜牧业、渔业“农业产业大脑”，开发推广“浙农”系列应用，建设一批不同技术模式的智慧农（牧、渔）场。

探索智慧农业未来方向　支持科研院校持续推进智慧农业技术模式迭代创新，加强智慧农业前沿技术研发与系统集成，引领智慧农业未来发展方向。支持中国科学院持续探索总结“伏羲农场”模式。持续优化土壤养分反演、作物模拟预测、气象精准分析等模型，开展耕地网格化、数字化管理，推动农业生产过程的数字化仿真、推演，形成最优种植方案。持续推进智能农机创新，在规模化应用场景下实现精准整地、精准播种、变量施药、变量施肥、变量灌溉、收获减损、运输减损、仓存减损、秸秆合理利用等精准作业。培育一批智慧农业领域科技领军企业，集聚创新资源，加快推进智慧农业技术研发、成果转化和产业化应用。

第九章

美丽乡村的人才培养

人才是乡村振兴的基石，更是美丽乡村建设的核心动能。随着美丽中国建设进程的不断推进，国家将乡村人才培养提升至战略高度，构建“引才、育才、用才、留才”的全链条机制。通过壮大农业生产经营、公共服务、科技服务等人才队伍，激活乡村内生动力；依托政策支持、多元主体协作和制度保障，搭建可持续的人才生态，为乡村振兴注入不竭活力。人才兴则乡村兴，人才强则乡村强。加快乡村人才振兴，以人才之力绘就美丽乡村的共富图景。

第一节　建立乡村人才培养体系

一、完善乡村人才培养体系

健全涉农高等教育体系，优化提升职业教育，鼓励符合条件的村干部、农民等报考高职院校，继续实施“一村一名大学生”培育计划。健全涉农培训体系，统筹各类培训资源，实行按需培训。强化农村职业教育和成人教育，加强农村数字人才、电商人才培育。[①]

二、实施振兴人才支持计划

壮大乡村人才队伍。实施乡村振兴人才支持计划，加大乡村本土人才培养力

---

① 中共中央　国务院印发《乡村全面振兴规划（2024—2027年）》[EB/OL].（2025-01-22）[2025-05-15]. https://www.gov.cn/zhengce/202501/content_7000493.htm.

度，有序引导城市各类专业技术人才下乡服务，全面提高农民综合素质。强化农业科技人才和农村高技能人才培养使用，完善评价激励机制和保障措施。加强高等教育新农科建设，加快培养农林水利类紧缺专业人才。发挥普通高校、职业院校、农业广播电视学校等作用，提高农民教育培训实效。推广医疗卫生人员“县管乡用、乡聘村用”，实施教师“县管校聘”改革。推广科技小院模式，鼓励科研院所、高校专家服务农业农村。①

加强农民技术技能培训，壮大农村各类专业人才和实用人才队伍。推进乡村工匠培育工程。以产业需求为导向，优化调整涉农学科专业。提升涉农职业教育水平，鼓励职业学校与农业企业等组建产教联合体。扎实推进“三支一扶”计划、科技特派员、特岗计划、大学生志愿服务西部计划等基层服务项目。深入实施乡村巾帼追梦人计划和乡村振兴青春建功行动。支持科技小院扎根农村助农惠农。继续实施大学生乡村医生专项计划。鼓励和引导城市人才服务乡村，健全评聘激励机制。②

三、充分发挥各类主体在乡村人才培养中的作用③

1. 完善高等教育人才培养体系

全面加强涉农高校耕读教育，将耕读教育相关课程作为涉农专业学生必修课。深入实施卓越农林人才教育培养计划2.0，加快培养拔尖创新型、复合应用型、实用技能型农林人才。用生物技术、信息技术等现代科学技术改造提升现有涉农专业，建设一批新兴涉农专业。引导综合性高校拓宽农业传统学科专业边界，增设涉农学科专业。加强乡村振兴发展研究院建设，加大涉农专业招生支持力度。加强农林高校网络培训教育资源共享，打造实用精品培训课程体系。

① 中共中央　国务院关于学习运用“千村示范、万村整治”工程经验有力有效推进乡村全面振兴的意见[EB/OL].（2024-02-03）[2025-05-15]. https://www.gov.cn/zhengce/202402/content_6929934.htm.

② 中共中央　国务院关于进一步深化农村改革　扎实推进乡村全面振兴的意见[EB/OL].（2025-02-23）[2025-05-15]. https://www.gov.cn/zhengce/202502/content_7005158.htm.

③ 中共中央办公厅　国务院办公厅印发《关于加快推进乡村人才振兴的意见》[EB/OL].（2021-02-23）[2025-05-15]. https://www.gov.cn/zhengce/2021-02/23/content_5588496.htm.

2. 加快发展面向农村的职业教育

加强农村职业院校基础能力建设，优先支持高水平农业高职院校开展本科层次职业教育，采取校企合作、政府划拨、整合资源等方式建设一批实习实训基地。支持职业院校加强涉农专业建设、开发技术研发平台、开设特色工艺班，培养基层急需的专业技术人才。采取学制教育和专业培训相结合的模式对农村“两后生”进行技能培训。鼓励退役军人、下岗职工、农民工、高素质农民、留守妇女等报考高职院校，可适当降低文化素质测试录取分数线。

3. 依托各级党校（行政学院）培养基层党组织干部队伍

发挥好党校（行政学院）、干部学院等主渠道、主阵地作用，分类分级开展“三农”干部培训。以县级党校（行政学校）为主体，加强对村干部、驻村第一书记、基层团组织书记等乡村干部队伍的培训。采取线上线下相结合等模式，将党校（行政学院）、干部学院的教育资源延伸覆盖至村和社区。

4. 充分发挥农业广播电视学校等培训机构作用

支持职业院校、农业广播电视学校、农村成人文化技术培训学校（机构）、农技推广机构、农业科研院所等，加强对高素质农民、能工巧匠等本土人才的培养。探索建立农民学分银行，推动农民培训与职业教育有效衔接。建立政府引导、多元参与的投入机制，将农民教育培训经费按规定列入各级预算，吸引社会资本投入。

5. 支持企业参与乡村人才培养

引导农业企业依托原料基地、产业园区等建设实训基地，推动和培训农民应用新技术。鼓励农业企业依托信息、科技、品牌、资金等优势，带动农民创办家庭农场、农民合作社，打造乡村人才孵化基地。支持农业企业联合科研院所、高等学校建设产学研用协同创新基地，培育科技创新人才。

四、科技赋能支持青年入乡[①]

1. 开展青创平台强基行动

在科创园等区域腾出空间，服务乡镇（街道）、平台，尤其是偏远乡镇的青年入乡科创类创业项目落地，打造青年入乡创业飞地。加强技术指导和信息资源共享，助力青创企业培大育强，形成可复制推广的机制经验。充分发挥民营孵化器、众创空间和星创天地等阵地作用，为青年入乡创业夯实硬件基础保障。

2. 开展创业青年逐梦行动

发挥科技特派员工作制度优势，全方位抓实、抓细、抓好科技特派员与青年入乡工作的融合互促。聚焦新产业、新经济、新青年，梳理汇总需求清单，匹配对口院校专家资源，组建专业覆盖一二三产业的科技特派员导师团队，定向派遣、精准结对，选树一批科技特派员助力青年入乡创业示范项目；结合“校企直通车”产业对接活动，开通青创项目专列，推动高校科研成果转化，赋能入乡青年创业。

3. 开展就业青年护航行动

排摸一批科创属性强，符合新质生产力导向的高新技术企业，积极培育高能级科研平台，鼓励企业加大青年员工招引和培养力度，为广大青年提供更多不同专业的科技型岗位，使入乡就业更加精准高效；发挥“校企直通车”、首席科技官和科技大市场等载体作用，引导合作高校和科研院所组织学生入企实训，提前感受、助力营造安吉创新创业的良好氛围。

4. 开展国际青年引凤行动

发挥硕博联谊会等高层次人才团体作用，帮助海外工程师和AB证专家等外国人才尽快融入乡村并找到归属感。积极申报外国人才蓄水池试点，争取上级专项资金，为外国人才随行家属提供入乡生活保障。定期组织开展茶话座谈、文体比赛和联谊沙龙等活动，加强国际青年间的交流沟通，丰富入乡青年业余生活。通过以才引才，招引更多外国青年。

---

① 关于印发《科技赋能青年入乡发展行动实施方案》的通知[EB/OL].（2025-02-23）[2025-05-15]. https://www.anji.gov.cn/art/2024/12/7/art_1229562858_1679862.html.

5. 青创金融保驾行动

联合金融机构和相关部门，谋划推出支持青年入乡创业导向的全新青创科技金融产品。结合“校企直通车”、人才会客厅等活动载体，定期召开“银企对接会”，为有融资需求的入乡创业青年牵线搭桥。在“科技贷”企业申报条件基础上，加大对青年创业项目的金融支持，鼓励申报企业通过转型升级新增青年就业岗位。

第二节　培养乡村专业人才

一、壮大乡村人才队伍

实施高素质农民培育计划和乡村产业振兴带头人培育“头雁”项目，加强对青年农民和新型农业经营主体培训指导，实施农村实用人才带头人培训计划。鼓励和引导青年入乡发展和就业创业，加强农业农村科技领军人才、青年人才培养，通过科技小院等形式，推动涉农教育与生产实践紧密结合。实施农技推广服务特聘计划，培养农技推广人才，壮大科技特派员队伍。建设乡村公共服务和治理人才队伍，实施乡村振兴人才支持计划和人才支撑项目，开展全科医生特岗计划、订单定向医学生免费培养等，推动乡村医生向执业（助理）医师转化，加强农村法律人才和儿童服务人才培养。[①]

二、培育农业生产经营人才[②]

1. 培养高素质农民队伍

深入实施现代农民培育计划，重点面向从事适度规模经营的农民，分层分类

① 中共中央　国务院印发《乡村全面振兴规划（2024—2027年）》[EB/OL].（2025-01-22）[2025-05-15]. https://www.gov.cn/zhengce/202501/content_7000493.htm.

② 中共中央办公厅　国务院办公厅印发《关于加快推进乡村人才振兴的意见》[EB/OL].（2021-02-23）[2025-05-15]. https://www.gov.cn/zhengce/2021-02/23/content_5588496.htm.

开展全产业链培训，加强训后技术指导和跟踪服务，支持创办领办新型农业经营主体。充分利用现有网络教育资源，加强农民在线教育培训。实施农村实用人才培养计划，加强培训基地建设，培养造就一批能够引领一方、带动一片的农村实用人才带头人。

2. 突出抓好家庭农场经营者、农民合作社带头人培育

深入推进家庭农场经营者培养，完善项目支持、生产指导、质量管理、对接市场等服务。建立农民合作社带头人人才库，加强对农民合作社骨干的培训。鼓励农民工、高校毕业生、退役军人、科技人员、农村实用人才等创办领办家庭农场、农民合作社。鼓励有条件的地方支持农民合作社聘请农业经理人。鼓励家庭农场经营者、农民合作社带头人参加职称评审、技能等级认定。

三、培育农村二三产业发展人才①

1. 培育农村创业创新带头人

深入实施农村创业创新带头人培育行动，不断改善农村创业创新生态。稳妥引导金融机构开发农村创业创新金融产品和服务方式，加快建设农村创业创新孵化实训基地，组建农村创业创新导师队伍。壮大新一代乡村企业家队伍，通过专题培训、实践锻炼、学习交流等方式，完善乡村企业家培训体系。完善涉农企业人才激励机制，加强对乡村企业家合法权益的保护。

2. 加强农村电商人才培育

提升电子商务进农村效果，开展电商专家下乡活动。依托全国电子商务公共服务平台，加快建立农村电商人才培养载体及师资、标准、认证体系，开展线上线下相结合的多层次人才培训。

3. 培育乡村工匠

挖掘培养乡村手工业者、传统艺人，通过设立名师工作室、大师传习所等，传承发展传统技艺。鼓励高等学校、职业院校开展传统技艺传承人教育。在传统技艺

① 中共中央办公厅　国务院办公厅印发《关于加快推进乡村人才振兴的意见》[EB/OL].（2021-02-23）[2025-05-15]. https://www.gov.cn/zhengce/2021-02/23/content_5588496.htm.

人才聚集地设立工作站，开展研习培训、示范引导、品牌培育。支持鼓励传统技艺人才创办特色企业，带动发展乡村特色手工业。

4. 打造农民工劳务输出品牌

实施劳务输出品牌计划，围绕地方特色劳务群体，建立技能培训体系和评价体系，完善创业扶持、品牌培育政策，通过完善行业标准、建设专家工作室、邀请专家授课、举办技能比赛等途径，普遍提升从业者职业技能，提高劳务输出的组织化、专业化、标准化水平，培育一批叫得响的农民工劳务输出品牌。

四、培育乡村公共服务人才①

1. 加强乡村教师队伍建设

落实城乡统一的中小学教职工编制标准。继续实施革命老区、民族地区、边疆地区人才支持计划、教师专项计划和银龄讲学计划。加大乡村骨干教师培养力度，精准培养本土化优秀教师。改革完善“国培计划”，深入推进“互联网+义务教育”，健全乡村教师发展体系。对长期在乡村学校任教的教师，职称评审可按规定“定向评价、定向使用”，高级岗位实行总量控制、比例单列，可不受所在学校岗位结构比例限制。落实好乡村教师生活补助政策，加强乡村学校教师周转宿舍建设，按规定将符合条件的乡村教师纳入当地住房保障范围。

2. 加强乡村卫生健康人才队伍建设

按照服务人口1‰左右的比例，以县为单位每5年动态调整乡镇卫生院人员编制总量，允许编制在县域内统筹使用，用好用足空余编制。推进乡村基层医疗卫生机构公开招聘，艰苦边远地区县级及基层医疗卫生机构可根据情况适当放宽学历、年龄等招聘条件，对急需紧缺卫生健康专业人才可以采取面试、直接考察等方式公开招聘。乡镇卫生院应至少配备1名公共卫生医师。深入实施全科医生特岗计划、农村订单定向医学生免费培养和助理全科医生培训，支持城市二级及以上医院在职或退休医师到乡村基层医疗卫生机构多点执业，开办乡村诊所，充实乡村卫生健康

① 中共中央办公厅　国务院办公厅印发《关于加快推进乡村人才振兴的意见》[EB/OL].（2021-02-23）[2025-05-15]. https://www.gov.cn/zhengce/2021-02/23/content_5588496.htm.

人才队伍。完善乡村基层卫生健康人才激励机制，落实职称晋升和倾斜政策，优化乡镇医疗卫生机构岗位设置，按照政策合理核定乡村基层医疗卫生机构绩效工资总量和水平。优化乡村基层卫生健康人才能力提升培训项目，加强在岗培训和继续教育。落实乡村医生各项补助，逐步提高乡村医生收入待遇，做好乡村医生参加基本养老保险工作，深入推进乡村全科执业助理医师资格考试，推动乡村医生向执业（助理）医师转化，引导医学专业高校毕业生免试申请乡村医生执业注册。鼓励免费定向培养一批源于本乡本土的大学生乡村医生，多途径培养培训乡村卫生健康工作队伍，改善乡村卫生服务和治理水平。

3. 加强乡村文化旅游体育人才队伍建设

推动文化旅游体育人才下乡服务，重点向革命老区、民族地区、边疆地区倾斜。完善文化和旅游、广播电视、网络视听等专业人才扶持政策，培养一批乡村文艺社团、创作团队、文化志愿者、非遗传承人和乡村旅游示范者。鼓励运动员、教练员、体育专业师生、体育科研人员参与乡村体育指导志愿服务。

4. 加强乡村规划建设人才队伍建设

支持熟悉乡村的首席规划师、乡村规划师、建筑师、设计师及团队参与村庄规划设计、特色景观制作、人文风貌引导，提高设计建设水平，塑造乡村特色风貌。统筹推进城乡基础设施建设管护人才互通共享，搭建服务平台，畅通交流机制。实施乡村本土建设人才培育工程，加强乡村建设工匠培训和管理，培育修路工、水利员、改厕专家、农村住房建设辅导员等专业人员，提升农村环境治理、基础设施及农村住房建设管护水平。

五、培育乡村治理人才①

1. 乡镇党政人才队伍建设

选优配强乡镇领导班子特别是乡镇党委书记，健全从乡镇事业人员、优秀村党组织书记、到村任职过的选调生、驻村第一书记、驻村工作队员中选拔乡镇领导干

① 中共中央办公厅　国务院办公厅印发《关于加快推进乡村人才振兴的意见》[EB/OL].（2021−02−23）[2025−05−15]. https://www.gov.cn/zhengce/2021−02/23/content_5588496.htm.

部常态化机制。实行乡镇编制专编专用，明确乡镇新录用公务员在乡镇最低服务年限，规范从乡镇借调工作人员。落实乡镇工作补贴和艰苦边远地区津贴政策，确保乡镇机关工作人员收入高于县直机关同职级人员。落实艰苦边远地区乡镇公务员考录政策，适当降低门槛和开考比例，允许县乡两级拿出一定数量的职位面向高校毕业生、退役军人等具有本地户籍或在本地长期生活工作的人员招考。

2. 推动村党组织带头人队伍整体优化提升

坚持把政治标准放在首位，选拔思想政治素质好、道德品行好、带富能力强、协调能力强、公道正派、廉洁自律、热心为群众服务的党员担任村党组织书记。注重从本村致富能手、外出务工经商返乡人员、本乡本土大学毕业生、退役军人中的党员里培养选拔村党组织书记。对本村暂时没有党组织书记合适人选的，可从上级机关、企事业单位优秀党员干部中选派，有条件的地方也可以探索跨村任职。全面落实村党组织书记县级党委组织部门备案管理制度和村“两委”成员资格联审机制，实行村“两委”成员近亲属回避制度，净化、优化村干部队伍。加大从优秀村党组织书记中考录乡镇公务员、招聘乡镇事业编制人员力度。县级党委每年至少对村党组织书记培训1次，支持村干部和农民参加学历教育。坚持和完善向重点乡村选派驻村第一书记和工作队制度。

3. 实施“一村一名大学生”培育计划

鼓励各地遴选一批高等职业学校，按照有关规定，根据乡村振兴需求开设涉农专业，支持村干部、新型农业经营主体带头人、退役军人、返乡创业农民工等，采取在校学习、弹性学制、农学交替、送教下乡等方式，就地就近接受职业高等教育，培养一批在乡大学生、乡村治理人才。进一步加强选调生到村任职、履行大学生村官有关职责，按照大学生村官管理工作，落实选调生一般应占本年度公务员考录计划10%左右的规模要求。鼓励各地多渠道招录大学毕业生到村工作。扩大高校毕业生“三支一扶”计划招募规模。

4. 加强农村社会工作人才队伍建设

加快推动乡镇社会工作服务站建设，加大政府购买服务力度，吸引社会工作人才提供专业服务，大力培育社会工作服务类社会组织。加大本土社会工作专业人才培养力度，鼓励村干部、年轻党员等参加社会工作职业资格评价和各类教育培训。持续实施革命老区、民族地区、边疆地区社会工作专业人才支持计划。加强乡村儿童关爱服务人才队伍建设。通过项目奖补、税收减免等方式引导高校毕业生、退役军人、返乡入乡人员参与社区服务。

5. 加强农村经营管理人才队伍建设

依法依规划分农村经营管理的行政职责和事业职责，建立健全职责目录清单。采取招录、调剂、聘用等方式，通过安排专兼职人员等途径，充实农村经营管理队伍，确保事有人干、责有人负。加强业务培训，力争3年内轮训一遍。加强农村土地承包经营纠纷调解仲裁人才队伍建设，鼓励各地探索建立仲裁员等级评价制度。将农村合作组织管理专业纳入农业技术人员职称评审范围，完善评价标准。加强农村集体经济组织人才培养，完善激励机制。

6. 加强农村法律人才队伍建设

加强农业综合行政执法人才队伍建设，加大执法人员培训力度，完善工资待遇和职业保障政策，培养通专结合、一专多能的执法人才。推动公共法律服务力量下沉，通过招录、聘用、政府购买服务、发展志愿者队伍等方式，充实乡镇司法所公共法律服务人才队伍，加强乡村法律服务人才培训。以村干部、村妇联执委、人民调解员、网格员、村民小组长、退役军人等为重点，加快培育“法律明白人”。培育农村学法用法示范户，构建农业综合行政执法人员与农村学法用法示范户的密切联结机制。提高乡村人民调解员队伍专业化水平，有序推进在农村“五老”人员中选聘人民调解员。完善和落实“一村一法律顾问”制度。

六、培育农业农村科技人才①

1. 培育农业农村高科技领军人才

国家重大人才工程、人才专项优先支持农业农村领域，推进农业农村科研杰出人才培养。鼓励各地实施农业农村领域“引才计划”，加快培育一批高科技领军人

① 中共中央办公厅　国务院办公厅印发《关于加快推进乡村人才振兴的意见》[EB/OL].（2021-02-23）[2025-05-15]. https://www.gov.cn/zhengce/2021-02/23/content_5588496.htm.

才和团队。加强优秀青年后备人才培养，突出服务基层导向。支持高科技领军人才按照有关政策在国家农业高新技术产业示范区、农业科技园区等落户。

2. 培育农业农村科技创新人才

依托现代农业产业技术体系、农业科技创新联盟、现代农业产业科技创新中心等平台，发现人才、培育人才、凝聚人才。加强农业企业科技人才培养。健全农业农村科研立项、成果评价、成果转化机制，完善科技人员兼职兼薪、分享股权期权、领办创办企业、成果权益分配等激励办法。

3. 培育农业农村科技推广人才

推进农技推广体系改革创新，完善公益性和经营性农技推广融合发展机制，允许提供增值服务合理取酬。全面实施农技推广服务特聘计划。深化农技人员职称制度改革，突出业绩水平和实际贡献，向服务基层一线人才倾斜，实行农业农村科技推广人才差异化分类考核。实施基层农技人员素质提升工程，重点培训年轻骨干农技人员。建立健全农产品质量安全协管员、信息员队伍。鼓励地方对“土专家”“田秀才”“乡创客”发放补贴。开展“寻找最美农技员”活动。引导科研院所、高等学校开展专家服务基层活动，推广“科技小院”等培养模式，派驻研究生深入农村开展实用技术研究和推广服务工作。

4. 发展壮大科技特派员队伍

坚持政府选派、市场选择、自愿参加原则，完善科技特派员工作机制，拓宽科技特派员来源渠道，逐步实现各级科技特派员科技服务和创业带动全覆盖。完善优化科技特派员扶持激励政策，持续加大对科技特派员工作支持力度，推广利益共同体模式，支持科技特派员领办创办协办农民合作社、专业技术协会和农业企业。

第三节　完善乡村人才培育和发展机制

一、健全乡村人才保障机制

建立人才定期服务乡村制度，支持返乡人员、退役军人、退休专家等投身乡村全面振兴，健全县域人才统筹使用制度，推动科技、医疗、教育等干部人才“组团式”帮扶，实施大学生志愿服务西部计划。建立健全乡村人才分级分类评价体系，引导各地实行职称评审定向评价、定向使用。激励各类人才投身乡村，做好返乡入乡人才服务保障工作，将符合条件的返乡创业就业人员纳入涉农培训范围。①

二、完善乡村人才培育和发展机制

实施乡村振兴人才支持计划，加强农民技术技能培训，壮大农村各类专业人才和实用人才队伍。推进乡村工匠培育工程。以产业需求为导向，优化调整涉农学科专业。提升涉农职业教育水平，鼓励职业学校与农业企业等组建产教联合体。扎实推进“三支一扶”计划、科技特派员、特岗计划、大学生志愿服务西部计划等基层服务项目。深入实施乡村巾帼追梦人计划和乡村振兴青春建功行动。支持科技小院扎根农村助农惠农。继续实施大学生乡村医生专项计划。鼓励和引导城市人才服务乡村，健全评聘激励机制。②

三、建立健全乡村人才振兴体制机制③

1. 健全农村工作干部培养锻炼制度

完善县级以上机关年轻干部在农村基层培养锻炼机制，有计划地选派县级以

---

① 中共中央　国务院印发《乡村全面振兴规划（2024—2027年）》[EB/OL].（2025-01-22）[2025-05-15]. https://www.gov.cn/zhengce/202501/content_7000493.htm.

② 中共中央　国务院关于进一步深化农村改革　扎实推进乡村全面振兴的意见[EB/OL].（2025-02-23）[2025-05-15]. https://www.gov.cn/zhengce/202502/content_7005158.htm.

③ 中共中央办公厅　国务院办公厅印发《关于加快推进乡村人才振兴的意见》[EB/OL].（2021-02-23）[2025-05-15]. https://www.gov.cn/zhengce/2021-02/23/content_5588496.htm.

上机关有发展潜力的年轻干部到乡镇任职、挂职，多渠道选派优秀干部到农村干事创业。

2. 完善乡村人才培养制度

加大公费师范生培养力度，实行定向培养，明确基层服务年限，推动特岗计划与公费师范生培养相结合。推动职业院校（含技工院校）建设涉农专业或开设特色工艺班，与基层行政事业单位、用工企业精准对接，定向培养乡村人才。支持中央和国家机关有关部门、地方政府、高等学校、职业院校加强合作，按规定为艰苦地区和基层一线“订单式”培养专业人才。

3. 建立各类人才定期服务乡村制度

建立城市医生、教师、科技、文化等人才定期服务乡村制度，支持和鼓励符合条件的事业单位科研人员按照国家有关规定到乡村和涉农企业创新创业，充分保障其在职称评审、工资福利、社会保障等方面的权益。鼓励地方整合各领域外部人才成立乡村振兴顾问团，支持引导退休专家和干部服务乡村振兴。落实中小学教师晋升高级职称原则上要有1年以上农村基层工作服务经历要求。国家建立医疗卫生人员定期到基层和艰苦边远地区从事医疗卫生工作制度。执业医师晋升为副高级技术职称的，应当有累计1年以上在县级以下或者对口支援的医疗卫生机构提供医疗卫生服务的经历。支持专业技术人才通过项目合作、短期工作、专家服务、兼职等多种形式到基层开展服务活动，在基层时间累计超过半年的视为基层工作经历，作为职称评审、岗位聘用的重要参考。对县乡事业单位专业性强的岗位聘用的高层次人才，可采取协议工资、项目工资、年薪制等灵活多样的分配方式，合理确定薪酬待遇。鼓励地方通过建设人才公寓、发放住房补助，允许返乡入乡人员子女在就业创业地接受学前教育、义务教育，解决好返乡入乡人员的居住和子女入学问题。完善社保关系转移接续机制，为返乡入乡人员及其家属按规定参加城镇职工基本养老保险、基本医疗保险提供便捷服务。

4. 健全鼓励人才向艰苦地区和基层一线流动的激励制度

适当放宽在基层一线工作的专业技术人才职称评审条件。对长期在基层一线和艰苦边远地区工作的，加大爱岗敬业表现、实际工作业绩及工作年限等评价权重，落实完善工资待遇倾斜政策，激励人才扎根一线建功立业。推广医疗、教育人才“组团式”援疆援藏经验做法，逐步将人才“组团式”帮扶拓展到其他艰苦地区和更多领域。

5. 建立县域专业人才统筹使用制度

积极开展统筹使用基层各类编制资源试点，探索赋予乡镇更加灵活的用人自主权，鼓励从上往下跨层级调剂行政事业编制，推动资源服务管理向基层倾斜。推进义务教育阶段教师“县管校聘”，推广城乡学校共同体、乡村中心校等模式。加强县域卫生人才一体化配备和管理，在区域卫生编制总量内统一配备各类卫生人才，强化多劳多得、优绩优酬，鼓励实行“县聘乡用”和“乡聘村用”。

6. 乡村高技能人才职业技能等级制度

组织农民参加职业技能鉴定、职业技能等级认定、职业技能竞赛等多种技能评价。探索“以赛代评”“以项目代评”，符合条件的可直接认定相应技能等级。按照有关规定对有突出贡献人才破格评定相应技能等级。

7. 建立健全乡村人才分级分类评价体系

坚持“把论文写在大地上”，完善农业农村领域高级职称评审申报条件，探索推行技术标准、专题报告、发展规划、技术方案、试验报告等视同发表论文的评审方式。对乡村发展急需紧缺人才，可以设置特设岗位，不受常设岗位总量、职称最高等级和结构比例限制。

8. 提高乡村人才服务保障能力

完善乡村人才认定标准，做好乡村人才分类统计，加强乡村人才工作信息化建设，建立健全县、乡、村三级乡村人才管理网络。加强人才管理服务工作，大力发展乡村人才服务业，引导市场主体为乡村人才提供中介、信息等服务。

附 录

整县推进美丽乡村建设基本指标体系

序号	一级指标	二级指标	指标要求
1	农村生态环境质量	农村生活污水治理（管控）率	东部，75%以上；其他地区，65%以上（适用于2027年以前） 东部，90%以上；其他地区，80%以上（适用于2028—2035年）
2		农村生活垃圾	有效治理
3		农村黑臭水体	基本消除
4		畜禽养殖污染	属实的重复信访举报一年不超过3起
5		水土保持率	达到省级分解到县级的水土保持率目标值
6		生态清洁小流域建设及乡村河湖长效管护	适宜区域基本建成，乡村河湖长效管护机制基本建立并有效落实
7	农业绿色低碳发展	耕地土壤有机质含量	基本稳定或提高
8		农药包装废弃物回收率	80%以上（到2027年） 90%以上（到2035年）
9		农膜生产使用	基本消除违规生产、销售、使用农膜现象
10		秸秆利用和管控	秸秆综合利用率达到 88%以上；基本消除因秸秆集中焚烧引发重污染天气情况
11	农村幸福宜居品质	乡村形态	集中建设区域整洁有序
12		乡风建设	没有重大负面舆情

资料来源：2025年1月生态环境部等9个部门制定的《美丽乡村建设实施方案》附件。

参考文献

[1] 浙江省美丽乡村建设行动计划（2011—2015年）[EB/OL].（2012-04-23）[2025-05-15]. https://www.liandu.gov.cn/art/2012/4/23/art_1229370872_3733785.html.

[2] 住房城乡建设部 文化部 国家文物局 财政部关于切实加强中国传统村落保护的指导意见[EB/OL].（2016-05-22）[2025-05-15]. https://www.gov.cn/zhengce/2016-05/22/content_5075656.htm.

[3] 关于大力发展休闲农业的指导意见[EB/OL].（2016-09-02）[2025-05-15]. http://www.moa.gov.cn/gk/tzgg_1/tz/201609/t20160902_5262939.htm.

[4] 中共中央 国务院关于深入推进农业供给侧结构性改革 加快培育农业农村发展新动能的若干意见[EB/OL].（2017-02-05）[2025-05-15]. https://www.gov.cn/zhengce/2017-02/05/content_5165626.htm.

[5] 中共中央 国务院关于实施乡村振兴战略的意见[EB/OL].（2018-02-04）[2025-05-15]. https://www.gov.cn/zhengce/2018-02/04/content_5263807.htm.

[6] 农业农村部关于加快推进品牌强农的意见[EB/OL].（2018-06-29）[2025-05-15]. http://www.moa.gov.cn/xw/bmdt/201806/t20180629_6153371.htm.

[7] 中共中央 国务院印发《乡村振兴战略规划（2018—2022年）》[EB/OL].（2018-09-26）[2025-05-15]. https://www.gov.cn/zhengce/2018-09/26/content_5325534.htm.

[8] 关于促进乡村旅游可持续发展的指导意见[EB/OL].（2018-12-31）[2025-05-15]. https://www.gov.cn/zhengce/zhengceku/2018-12/31/content_5439318.htm.

[9] 中共中央 国务院关于坚持农业农村优先发展做好“三农”工作的若干意见[EB/OL].（2019-02-19）[2025-05-15]. https://www.gov.cn/zhengce/2019-02/19/content_5366917.htm.

[10] 中共中央办公厅　国务院办公厅印发《数字乡村发展战略纲要》[EB/OL].（2019-05-16）[2025-05-15]. https://www.gov.cn/zhengce/2019-05/16/content_5392269.htm.

[11] 中共中央办公厅　国务院办公厅印发《关于加强和改进乡村治理的指导意见》[EB/OL].（2019-06-23）[2025-05-15]. https://www.gov.cn/zhengce/2019-06/23/content_5402625.htm.

[12] 国务院关于促进乡村产业振兴的指导意见[EB/OL].（2019-06-28）[2025-05-15]. https://www.gov.cn/zhengce/content/2019-06/28/content_5404170.htm.

[13] 数字乡村建设指南1.0[EB/OL].（2021-09-03）[2025-05-15]. https://www.cac.gov.cn/2021-09/03/c_1632256398120331.htm.

[14] 中共中央　国务院关于抓好“三农”领域重点工作确保如期实现全面小康的意见[EB/OL].（2020-02-05）[2025-05-15]. https://www.gov.cn/zhengce/2020-02/05/content_5474884.htm.

[15] 农业农村部关于印发《全国乡村产业发展规划（2020—2025年）》的通知[EB/OL].（2020-07-16）[2025-05-15]. http://www.moa.gov.cn/xw/bmdt/202007/t20200716_6348795.htm.

[16] 自然资源部办公厅关于进一步做好村庄规划工作的意见[EB/OL].（2020-12-16）[2025-05-15]. https://gi.mnr.gov.cn/202012/t20201216_2595353.html.

[17] 中共中央 国务院关于全面推进乡村振兴加快农业农村现代化的意见[EB/OL].（2021-02-21）[2025-05-15]. https://www.gov.cn/zhengce/2021-02/21/content_5588098.htm.

[18] 中共中央办公厅　国务院办公厅印发《关于加快推进乡村人才振兴的意见》[EB/OL].（2021-02-23）[2025-05-15]. https://www.gov.cn/zhengce/2021-02/23/content_5588496.htm.

[19] 中华人民共和国国民经济和社会发展第十四个五年规划和2035年远景目标纲要[EB/OL].（2021-03-13）[2025-05-15]. http://www.gov.cn/xinwen/2021-03/13/content_5592681.htm.

[20] 关于印发《农业面源污染治理与监督指导实施方案（试行）》的通知[EB/OL].（2021-03-26）[2025-05-15]. https://www.gov.cn/zhengce/zhengceku/2021-03/26/content_5595893.htm.

[21] 中共中央　国务院关于加强基层治理体系和治理能力现代化建设的意见[EB/OL].

（2021–07–11）[2025–05–15]. https://www.gov.cn/zhengce/2021–07/11/content_5624201.htm.

[22] 中共中央办公厅　国务院办公厅印发《关于进一步加强非物质文化遗产保护工作的意见》[EB/OL].（2021–08–12）[2025–05–15]. https://www.gov.cn/zhengce/2021–08/12/content_5630974.htm.

[23] 中共中央办公厅　国务院办公厅印发《关于在城乡建设中加强历史文化保护传承的意见》[EB/OL].（2021–09–03）[2025–05–15]. https://www.gov.cn/zhengce/2021–09/03/content_5635308.htm.

[24] 农业农村部　国家发展改革委　科技部　自然资源部　生态环境部　国家林草局关于印发《"十四五"全国农业绿色发展规划》的通知[EB/OL].（2021–12–07）[2025–05–15]. http://www.moa.gov.cn/nybgb/2021/202109/202112/t20211207_6384020.htm.

[25] "十四五"国家信息化规划[EB/OL].（2021–12–28）[2025–05–15]. https://www.gov.cn/xinwen/2021–12/28/5664873/files/1760823a103e4d75ac681564fe481af4.pdf.

[26] 关于印发"十四五"土壤、地下水和农村生态环境保护规划的通知[EB/OL].（2022–01–04）[2025–05–15]. https://www.gov.cn/zhengce/zhengceku/2022–01/04/content_5666421.htm.

[27] 国务院关于印发"十四五"数字经济发展规划的通知[EB/OL].（2022–01–12）[2025–05–15]. https://www.gov.cn/zhengce/content/2022–01/12/content_5667817.htm.

[28] 关于印发《农业农村污染治理攻坚战行动方案（2021—2025年）》的通知[EB/OL].（2022–01–29）[2025–05–15]. https://www.mee.gov.cn/xxgk2018/xxgk/xxgk03/202201/t20220129_968575.html.

[29] 农业农村部关于印发《农膜回收行动方案》的通知[EB/OL].（2022–01–29）[2025–05–15]. http://www.moa.gov.cn/nybgb/2017/dlq/201712/t20171231_6133712.htm.

[30] 浙江省人民政府办公厅关于开展未来乡村建设的指导意见[EB/OL].（2022–02–07）[2025–05–15]. https://www.zj.gov.cn/art/2022/2/7/art_1229514424_2403058.html.

[31] 国务院关于印发"十四五"推进农业农村现代化规划的通知[EB/OL].（2022–02–17）[2025–05–15]. http://www.moa.gov.cn/ztzl/nyncxdhxczx/202202/t20220217_6388921.htm.

[32] 中共中央　国务院关于做好2022年全面推进乡村振兴重点工作的意见[EB/OL].（2022-02-22）[2025-05-15]. https://www.gov.cn/zhengce/2022-02/22/content_5675035.htm.

[33] 关于在乡村振兴中强化农村基层党组织建设的实施意见[EB/OL].（2022-03-30）[2025-05-15]. https://www.yinchuan.gov.cn/xxgk/qtbmgkml/swbgt/swbwj_8747/202203/t20220330_3410737.html.

[34] 2022年数字乡村发展工作要点[EB/OL].（2022-04-20）[2025-05-15]. https://www.cac.gov.cn/2022-04/20/c_1652064650228287.htm.

[35] 中共中央办公厅　国务院办公厅印发《乡村建设行动实施方案》[EB/OL].（2022-05-23）[2025-05-15]. https://www.gov.cn/zhengce/2022-05/23/content_5691881.htm.

[36] 农业农村减排固碳实施方案[EB/OL].（2022-06-30）[2025-05-15]. http://www.moa.gov.cn/govpublic/KJJYS/202206/P020220630331656855638.pdf.

[37] 国家林业和草原局关于印发《林草产业发展规划（2021—2025年）》的通知[EB/OL].（2022-06-13）[2025-05-15]. https://www.forestry.gov.cn/main/4461/20220613/160734988139280.html.

[38] 中央全面依法治国委员会印发《关于加强法治乡村建设的意见》[EB/OL].（2022-10-31）[2025-05-15]. https://www.moj.gov.cn/pub/sfbgwapp/zwgk/appjhgh/202210/t20221031_466389.html.

[39] 农业农村部关于全面推进农业农村法治建设的意见[EB/OL].（2022-10-31）[2025-05-15]. https://www.gov.cn/zhengce/zhengceku/2021-04/28/content_5603529.htm.

[40] 农业农村部关于加强水生生物资源养护的指导意见[EB/OL].（2022-12-05）[2025-05-15]. https://www.gov.cn/zhengce/zhengceku/2022-12/05/content_5730144.htm.

[41] 文化和旅游部办公厅　教育部办公厅　自然资源部办公厅　农业农村部办公厅　国家乡村振兴局综合司关于开展文化产业赋能乡村振兴试点的通知[EB/OL].（2023-01-12）[2025-05-15]. https://www.gov.cn/zhengce/zhengceku/2023-01/12/content_5736525.htm.

[42] 中共中央　国务院关于做好2023年全面推进乡村振兴重点工作的意见[EB/OL].（2023-02-13）[2025-05-15]. https://www.gov.cn/zhengce/2023-02/13/content_5741370.htm.

[43] 2023年数字乡村发展工作要点[EB/OL].（2023-04-13）[2025-05-15]. https://www.cac.

gov.cn/2023-04/13/c_1683027266610431.htm.

[44] 浙江省住房和城乡建设厅关于深入推进城乡风貌整治提升 加快推动和美城乡建设的指导意见[EB/OL]. （2023-11-08）[2025-05-15]. https://jst.zj.gov.cn/art/2023/11/8/art_1229159074_2495499.html.

[45] 中共中央　国务院关于全面推进美丽中国建设的意见[EB/OL]. （2024-01-11）[2025-05-15]. https://www.gov.cn/zhengce/202401/content_6925405.htm.

[46] 关于进一步推进农村生活污水治理的指导意见[EB/OL]. （2024-01-23）[2025-05-15]. https://www.gov.cn/zhengce/zhengceku/202401/content_6927636.htm.

[47] 中共中央　国务院关于学习运用“千村示范、万村整治”工程经验有力有效推进乡村全面振兴的意见[EB/OL]. （2024-02-03）[2025-05-15]. https://www.gov.cn/zhengce/202402/content_6929934.htm.

[48] 中共中央办公厅　国务院办公厅印发《农村人居环境整治提升五年行动方案（2021—2025年）》[EB/OL]. （2024-02-22）[2025-05-15]. https://www.gov.cn/zhengce/2021-12/05/content_5655984.htm.

[49] 自然资源部　中央农村工作领导小组办公室关于学习运用“千万工程”经验提高村庄规划编制质量和实效的通知[EB/OL]. （2024-02-22）[2025-05-15]. https://gi.mnr.gov.cn/202402/t20240222_2838000.html.

[50] 农业农村部办公厅　中国文联办公厅关于印发《“大地流彩——全国乡村文化振兴在行动”工作方案》的通知[EB/OL]. （2024-03-08）[2025-05-15]. http://www.moa.gov.cn/govpublic/ncshsycjs/202403/t20240308_6451035.htm.

[51] 2024年数字乡村发展工作要点[EB/OL]. （2024-05-15）[2025-05-15]. https://www.cac.gov.cn/2024-05/15/c_1717449026412502.htm.

[52] 数字乡村建设指南2.0[EB/OL]. （2024-05-16）[2025-05-15]. https://www.cac.gov.cn/2024-05/15/c_1717449042791246.htm.

[53] 农业农村部关于大力发展智慧农业的指导意见[EB/OL]. （2024-10-23）[2025-05-15]. https://www.gov.cn/zhengce/zhengceku/202410/content_6983621.htm.

[54] 农业农村部关于印发《全国智慧农业行动计划（2024—2028年）》的通知[EB/

OL]．（2024–10–23）[2025–05–15]．https://www.gov.cn/zhengce/zhengceku/202410/content_6983622.htm.

[55] 农业农村部关于加快农业发展全面绿色转型促进乡村生态振兴的指导意见[EB/OL]．（2024–12–30）[2025–05–15]．https://www.gov.cn/zhengce/zhengceku/202412/content_6995343.htm.

[56] 关于印发《美丽乡村建设实施方案》的通知[EB/OL]．（2025–01–20）[2025–05–15]．https://www.gov.cn/zhengce/zhengceku/202501/content_7000084.htm.

[57] 中共中央　国务院印发《乡村全面振兴规划（2024—2027年）》[EB/OL]．（2025–01–22）[2025–05–15]．https://www.gov.cn/zhengce/202501/content_7000493.htm.

[58] 农业农村部关于印发《全国农业科技创新重点领域（2024—2028年）》的通知[EB/OL]．（2025–02–14）[2025–05–15]．https://www.gov.cn/zhengce/zhengceku/202502/content_7003703.htm.

[59] 中共中央　国务院关于进一步深化农村改革 扎实推进乡村全面振兴的意见[EB/OL]．（2025–02–23）[2025–05–15]．https://www.gov.cn/zhengce/202502/content_7005158.htm.

[60] 中共中央　国务院印发《加快建设农业强国规划（2024—2035年）》[EB/OL]．（2025–04–07）[2025–05–15]．https://www.gov.cn/zhengce/202504/content_7017471.htm.

[61] 2025年数字乡村发展工作要点[EB/OL]．（2025–05–13）[2025–05–15]．https://www.cac.gov.cn/2025-05/13/c_1748846147356189.htm.

后记

2012年以来，“建设美丽中国”一直是中国生态文明建设的主线，也是引领中国发展的关键词之一。经过十多年的发展，美丽中国的秀美画卷已经徐徐展开，美丽地球建设的“中国方案”正向全球呈现。

在“美丽中国”正逐步由愿景走向现实的关键时刻，一系列顶层设计适应形势的变化，与时俱进地陆续出台。2023年12月，中共中央、国务院印发《关于全面推进美丽中国建设的意见》，美丽中国建设进入一个全新阶段，明确了美丽中国建设新阶段的目标愿景和任务路径。2025年1月，国务院办公厅转发了《关于建设美丽中国先行区的实施意见》，生态环境部等11个部门印发了《美丽城市建设实施方案》，生态环境部等9个部门印发了《美丽乡村建设实施方案》，并就美丽中国建设的行动制定了完整的实施方案，明确了行动的指导思想、目标和路径，初步构建起以“1+1+N”为主体架构的政策体系。

美丽乡村建设是美丽中国建设的重要内容，为了深入全面理解美丽乡村建设，探讨当前在美丽乡村建设进程中碰到的绿色转型与永续发展的相关问题，正确理解国家的相关政策和部署，我们依据国家发布的相关文件、各行政主管部门和在美丽乡村建设上有成功经验的地方政府发布的政策，从中梳理出美丽乡村建设的路径，编写了《美丽乡村建设》一书，聚焦美丽乡村的人居环境、绿色转型、产业振兴、文化建设、社会治理、科技创新与应用、数字建设、人才培育等热点问题，探索以乡村为载体的美丽中国建设实践路径。

本书在编写过程中，中国气候变化事务原特使、全国政协人口资源环境委员会原副主任、国家发展和改革委员会原副主任、原国家环境保护总局局长解振华给予了指导，并欣然为本书作序。为了使读者迅速厘清本书的逻辑，我们始终以中国政府网、相关省市政府网、国家行政主管部门官网发布的规划和政策为直接依据进行整理编写。我们也参阅了大量资料，同时众多专家学者、从事美丽乡村建设一线的实际工作者也给予了大量的指导和支持；湖州师范学院可持续发展研究院的专家给予了巨大的支持；云南人民出版社的领导和责任编辑，为本书的出版付出了辛勤的劳动。在此，我们表示深深的谢意！

本书的编写时间紧、任务重，加之作者水平和经验有限，在内容上难免存在缺点和不足，衷心希望读者多提宝贵意见，以便我们进一步修改完善。

作　者

2025年5月